怎样教更有效，
怎样学出成绩

姜羽娜
——著

天津出版传媒集团

天津人民出版社

图书在版编目（CIP）数据

怎样教更有效，怎样学出成绩 / 姜羽娜著 . –– 天津：
天津人民出版社，2022.11
ISBN 978-7-201-18772-3

Ⅰ.①怎… Ⅱ.①姜… Ⅲ.①家庭教育－通俗读物
Ⅳ.①G78-49

中国版本图书馆CIP数据核字（2022）第163022号

怎样教更有效，怎样学出成绩

ZENYANGJIAO GENG YOUXIAO, ZENYANGXUE CHUCHENGJI

出　　版	天津人民出版社	
出 版 人	刘　庆	
地　　址	天津市和平区西康路35号康岳大厦	
邮政编码	300051	
邮购电话	（022）23332469	
电子信箱	reader@tjrmcbs.com	

责任编辑	郭晓雪
装帧设计	琥珀视觉

印　　刷	三河市兴达印务有限公司
经　　销	新华书店
开　　本	880毫米 × 1230毫米　1/32
印　　张	7.5
字　　数	146千字
版次印次	2022年11月第1版　2022年11月第1次印刷
定　　价	56.00元

最有冲动写这本书是在2015年和孩子一起从珠峰大本营回来的时候，在之后的五年里，我为生活奔忙，也为梦想努力，渐渐地把写书这件事冲淡了许多。今年我幸运地被QS世界大学排名132位的博特拉大学录取，成为一名心理学博士；我对孩子特立独行的教育方式也被更多人知晓，并得到了出版界的认可，至此我的两个梦想都得以实现。

有人不解我忙着完成自己的梦想和教育好孩子有什么关系，其实关系很大，而且不是大家以为的"榜样的力量"那么简单。教育的失败很多时候来自家长把自己未完成的梦想强加到下一代身上，却不知道不合理的期望才是最害人的。我希望我的孩子有属于自己的梦想，活出自己想要的样子，而不是去帮我完成什么梦想，我的梦想应该由我自己来完成，我的人生缺憾也应该由我自己去弥补，而他只需要对他自己的人生负责就好。

当一个人把更多精力放在自我成长上的时候，他周身都会散发出一种积极向上的能量；反之，当一个人把所有精力都放在监督甚至控制别人如何成长时，他身上一定带着满腹牢骚和怨气。孩子更喜欢和哪种家长相处，哪种家长的建议更容易被孩子采纳显而易见。很多家长选择的是后者，为孩子殚精竭虑，而我选择了前者，与孩子同舟共济、百炼成钢。

我的家里会有很多其他家庭看不到的画面，比如儿子让我不要刷淘宝，快去复习考试，督促我写研究计划，他独自下厨房准备晚餐等。我则是特别不听话的家长，经常给他制造麻烦，他要使用各种计谋迫使我努力学习、好好工作，当然有时候我是故意制造麻烦来考验他，而他为了不让我成为落后分子也只能逼自己先做出点成绩。我们就是这样互相督促、互为榜样，一路披荆斩棘，他拿了很多国内国际学业奖项，我也终于考上了博士。

我虽然也曾为了更好地陪他成长而不止一次辞去工作，但我从未放弃过自我成长，我的事业经常跨界，但每次都还算得心应手。赚到的钱我通常都会花在孩子的教育上，这些教育不仅包括国外学科课程、兴趣班，也包括冒险旅行、出国游学等。孩子从3岁起我们就一直租房子生活，过着四海为家漂泊的日子。好的教育不在于花费了多少钱，因为最昂贵的不是钱，而是教育的理念和日复一日的坚持，尤其是当你的耳边充满了反对和不解，你仍然能做到不忘初心、不为所动。

如今他虽未成年，却已成为他自己，我想教育的目的不过如此吧！既然已经基本达到，我便可以告诉大家我究竟是怎样做的了。

这本书汇集了我本人十余年教育理念的精华，仅为一家之言，但希望从品格、学业、兴趣等诸多方面为家长们解析常见误区导致的教育偏差，并提供切实可行的方法和建议。只要这些方法和建议可以让家长们受一点点启发，将自己的行为有一点点调整，那么就是本书最大的益处了。

孩子小时候我们能给予他们乳汁和饭食，能搬动他们搬不动的东西，做到他们做不到的事，我们在孩子眼中曾经是"无所不能"的存在。当他们渐渐长大后，发现自己也能做以前只能由我们代替他们去做的事，便发现了自己的强大，而我们也不再是他们眼中的"无所不能"。大部分的家庭都是孩子持续成长，家长止步不前，当你发现孩子不再像以前一样对你有说不完的话，不再任何事都征求你的意见，可能不是因为所谓的青春期，而是因为你没有跟上他们的步伐，可他们却已经看到了你的局限。我不想让自己成为那样的家长，所以我一直大踏步前进，希望可以走在他前面，或者至少与他齐头并进。没有共鸣的陪伴多待一秒都是煎熬，但愿你我都不要成为那个让孩子觉得煎熬的人。

书籍能启迪人心才让人求知若渴，灯塔能指引方向才让船安全靠岸。家长的境界决定了孩子的成长，一个优秀的家长应该像书籍、像灯塔，有广度，也有高度，让孩子乐于与我们交流他们思想里闪烁的光，让他们充满坚定的目标感和踏实的安全感。

我怀着无比热忱的心情写下这本书，希望每一位为人父母的朋友都可以读一读，并非为了自己，而是心疼那些在错误观念下渐渐长大的孩子。他们来到这个世界也同样怀着无比热忱，结果不仅没有得到尊重和平等的对待，还被迫背上各种负担和期望，很多父母心里虽对他们深爱却没能在行为上表现出一丝爱。孩子们需要用余生去理解"打你骂你是因为爱你"的逻辑，这对他们来说并不是一件容易的事。

这对此时此刻正在读这本书的你来说，可能也不是一件简单的事，因为你甚至意识不到不同的教育方式给生活带来的影响有多深。你在与他人的关系中，如果总是想要改变对方，而很少想怎么调整自己，那么你可能正是在复制你的父母对待你的方式。因为人类对人与人之间关系的认知、对世界的认知最初都来自父母。唯有自我成长才有可能让你突破局限，让你的生活其乐融融，让你的孩子健康成长。

你先活出精彩，孩子才知道人生竟能如此绚烂；

你先做人如水，孩子才会努力"厚德载物"；

你先心怀天下，孩子才有可能上下通达。

教育孩子，先从教育自己做起，许多事情就变得简单许多。

目 录

CONTENTS

Part 01 观念篇
我的六大教育公式——孩子成才的基石

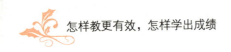

Part 05 兴趣篇
不等式：发现、选择与培养哪个更重要？

Part 06 职业篇
混合运算：当尊重等于零时，职业规划随之归零

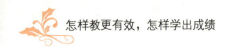

Part 07 问题篇
三种心态叠加：四大棘手问题迎刃而解

Part 01 观念篇

我的六大教育公式
——孩子成才的基石

　　我有一个令人羡慕的孩子，从不补课、自学跳级，各类竞赛拿奖拿到手软，更令人羡慕的是他玩的和学的一样好。孩子们普遍会的羽毛球、滑雪、游泳、乐器等常规娱乐项目自不必说，连台球、扑克、麻将等这些家长不太让孩子接触的东西他也游刃有余，魔方更是玩进了国赛。

　　他从小学到高中，不断有家长询问我为什么看起来轻松无比却能把孩子培养得这么优秀，而他们已经累到吐血孩子也毫无长进。我思来想去，最大的问题可能出现在"累"上，当你做一件事觉得累时，那么一定是方向不对或者方法不对，而相比方法来讲方向更为重要。对于教育孩子这件事来说，观念即是方向。因为我的方向对了，所以只是陪孩子朝着他本来的目的地走，并不会觉得很累，而大多数家长则认为孩子根本不知道自己想去哪儿，于是拉着孩子朝着自己认为他们该去的目的地走，结果把自己和孩子都搞得筋疲力尽，最后甚至迷失了方向。

　　我周围的亲朋好友和家长们都以为我的孩子乖巧听话、有良好的学习习惯、自己就能把学习和生活安排得非常好，但这和"距离产生美"类似，因为他们从未走近过我的孩子，所以只看到了他外显的一面。其实写作业拖沓、缺乏学习动力、游戏上瘾，这些家长眼中"问题孩子"才有的"问题"他一样都不曾少过，只是这些问题在我眼中并不是问题，而是孩子的天性，是成长中的必然，所以我更容易以一颗平常心去对待他，陪他一起客观地看待和分析这些"问题"，最后这些

"问题"不再是他成长路上的绊脚石，而成为一种宝贵的经验和财富。当然，平常心不等于放任不管，当一个人可以冷静而客观地看待孩子的这些"问题"时，反而更容易找到它们产生的原因和应对方法。

我花了一年时间把过去14年的教育经验总结成了六个公式，希望可以给那些心急而懒惰的家长们一点点启发和帮助，其中不仅囊括了大家最关心的学业成绩如何提高，也包括了兴趣和品格如何培养、职业如何规划、出现问题如何纠偏等诸多刚需内容。即便你的孩子还不到3岁，你仍然能在本书中找到你需要的内容，而我之所以现在如此轻松，恰恰是因为从孩子三岁之前我就一直在遵循公式中的观念对他进行教育。

公式一到五按照对孩子未来发展影响的重要程度排序，之所以把品格排在所有知识和技能的前面，是因为它最难培养，也最容易被家长忽略，但它却是一切的基础和推力。正如梁启超先生在百年前所说：要具备知、仁、勇"三达德"才能成为一个真正的人，求学问是为了学做人。"知者不惑、仁者不忧、勇者不惧"，按照古代先哲的标准，我们大部分成年人虽已成年，但也未成年，同样这对我们的孩子来说也不是一件容易的事，需要我们的悉心培养。

公式六主要针对孩子在成长过程中可能出现的各种各样让家长和老师头疼的问题进行解析，并提供经过实践验证的有效方法。如果你的孩子正处在某个特定"问题"之中让你手足无措时，可以直接看这一章的针对性内容，或许可以给你一些不一样的启发。

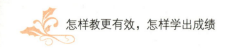

公式一

独立 × 自信 × 坚毅 × 感恩 ≈ 品格塑造

乘法的交换律允许因数之间交换位置，最终的结果不变。塑造孩子的品格也类似于乘法的交换律，你可以根据孩子的实际发展阶段来针对性地培养他不同的品格，只要四大品格齐备，就不会影响最终的品格塑造结果。一个人需要具备很多种优秀品格才有可能在社会上立足，比如善良、诚信、谦虚、正直等，但如果说对孩子一生影响最大的四种品格莫过于独立、自信、坚毅和感恩了。只要把孩子的这四种品格培养好，那么他的未来基本可以说有了保障。保障也就是家长们所期望的孩子长大以后至少能够自力更生，哪怕不是大富大贵，至少能够幸福快乐，哪怕偶尔遭遇挫折。

如何不让期望变成失望，就要从根本上意识到这四种品格的重要性，从行为上调整自己偏离的方向。

独立不依赖于他人的人，才有可能拥有自己的思想，创造出属于自己的人生。可惜家长最容易陷入自相矛盾的迷局，一方面希望孩子能够独立，另一方面又舍不得让孩子独立，无法控制地为他们安排好一切，导致我们的社会出现了越来越多的"巨婴"，他们没有自己的思想自然很难在这个社会立足，等家长意识到自己的问题时却为时已晚。

　　自信是影响孩子一生幸福的源泉，我们听到的那些被自卑困扰着的孩子在长大以后无论在工作上或是择偶上，他们都不会做出与自己相匹配的选择，因为他们始终把自己放在较低的定位上，而对自己的优秀视而不见。不知道是不是我们国家的文化里素来有谦逊的美德，导致家长们通常在别人面前只会说孩子这里不行、那里不好，而很少有夸赞的时候。我接到的咨询案例中大部分也是在听家长抱怨孩子的缺点，只有我主动询问对方孩子有什么优点时，家长才会思忖片刻告诉我"我们家孩子就一点好……"一个孩子怎么可能只有一个优点？可想而知家长在培养孩子自信方面几乎是没有任何投入的。

　　作为一名心理工作者，真心希望品格篇里关于"自信"这一小节能够帮助家长们找到如何才是培养孩子自信的正确方法，也愿天下不再有无知的家长或教师认为贬低孩子、否定孩子才能激励他们更加上进。

　　孩子能够赢在未来最重要的因素不是智商和成绩，而是一种叫"坚毅"的品格，这是心理学家近十年的颠覆性研究成果，可是由于科研和应用的脱节，真正了解这一点的家长却不多。坚毅的品格如何培养？我的方式可谓是"简单粗暴"，从孩子5岁起我们的每次旅行基本就是以冒险为主线的，最终我们到达了珠峰大本营，算是把冒险之旅暂时画上了一个句号。而这种对于孩子来说还算"妙趣横生"的方式无形中锻炼了他坚毅的品格，我们一起经历过的山体滑坡、目睹过的盘山道车祸也让年幼的他早就懂得了生命的脆弱和渺小，从而更加珍视自己和周围的人。虽然现在我们已经不再去冒险，但他身上的品格却保留了下来。他酷爱的滑雪运动，五年来从未间断过，他选择的事也都始终如一地在坚持。

如果你能让一个孩子感受到来到这个世界活一次是值得的，那么他就会对生命有最基本的感恩，而生命来自父母，也自然会感恩于父母。这里的"值得"是指虽然偶尔会有不愉快或难熬的经历，但总体来说到人间走一回体验到的还是幸福和快乐多一些，不论是成年人还是孩子，如果能经历这样的人生那就很值得了。可是家长们往往意识不到自己也会成为孩子那些不愉快或难熬经历的制造者，很多家长对待孩子的做法让他们觉得自己真的不该来到这个世界，又怎么可能升起感恩之心呢？而不懂得感恩的人对幸福的感知会弱于其他人，得到幸福的概率也会小于其他人，所以即便你并不需要子女对你的感恩，你也不能不去培养他的感恩，因为一颗感恩的心不仅可以滋养他人，更重要的是可以滋养自己。

公式二

∵ "四不" 原则 ∴ 学业突出

"四不"原则即从不过问大小考试成绩、从不因成绩好坏奖惩孩子、从不辅导课后疑难作业、从不安排课外密集补习。这可能是全书让家长觉得最不可思议的部分，也是根本不太可能做到的部分，但我的确是这么做的，而且一直到他现在读高中仍然保持着。看起来是我对孩子太不负责任，其实我不过是教会了孩子让他对自己负责任。而如何去教会他，用的就是我的"四不"原则。它看起来是一种行为，其实更是在传达一种态度：学习是你自己的事，好与坏与我无关。

当然，我之所以能够做到"四不"并坚定地按照自己的路走下去，正是因为我心里非常清楚怎样的方式才能教育好孩子，我也坚信所有的孩子都有自我成长的天性和能力。

而我也有我要学习的东西，在他第一次厌学时，我考上了硕士研究生，在他第二次厌学时，我拿到了博士录取通知书。我把更多的精力放在自我成长上，而不是逼迫孩子快速去成长，我用40岁"高龄"仍然随时把自己清零的行动告诉他，学习不是寒窗苦读十余载而是苦中作乐一辈子。既然是一辈子的事，就没有必要只看短期结果，比如一次期末考试成绩，甚至是高考成绩。我的高考成绩也很糟糕，因为我当时并不知道为什么要学习，所以经常连课都不上，但当我多年以后发现学习竟是一件如此有趣的事之后，我就开始一发不可收拾。我们应该启发孩子去关注知识本身，探索知识的究竟，因为这才是学习真正有趣的部分，而成绩不过是知识的附属品。焦虑则容易让人舍本逐末，过分看重一次次考试成绩，而忽略了孩子求知过程的重要性。我的亲身经历让我消除了对孩子学业方面的焦虑，我知道我最该给予他的帮助不是每天过问大大小小的考试成绩，而是帮助他找到学习中的乐趣。

可惜很多家长除了学习之外已经和孩子无话可说了，如果不能每天了解孩子在校的学习情况，心里都觉得缺少了什么。遇到期中、期末考试不仅要了解孩子考了多少分，还要了解别人家的孩子考了多少分，以此来判断一下孩子能排在第几名，如此操作不仅家长心累，孩子的学习观也容易变得扭曲。他们会把对知识掌握情况的注意力转移到自己的成绩是否能压倒别人，并且以压倒别人为乐，而不是以掌握知识为乐。这是非常可怕的现象，也是很多家长和老师心目中的好学生出现心理问题的原因之一。

在这一章中会分为四个小节分别跟家长们分享我的"四不"原则的原理和依据，希望可以帮助大家从观念上认识到每种行为背后透露出的信息对孩子产生的积极和消极影响。只有从观念上扭转才有可能在行为上改进，只有家长的行为发生了积极变化，孩子的一切才有可能发生积极变化。

公式三

自发 + 共通 + 体验 + 进阶 = 王道学习法

　　在做到"四不"原则之后，就要进入教会孩子如何学习的阶段了，我把这一系列方法称为"王道学习法"，因为这一系列方法论是为终身学习者设计的，自然也适合于任何学科。如果能够融会贯通，并积极付诸实践，你的孩子曾经存在的学习问题都将不是问题。

　　"王道学习法"之所以是加法，是因为缺少其中任何一项，学习效果就会随之减弱。如果家长有能力，尽量全部做到；如果在实践过程中发现某些环节确实很难操作，或很难坚持，也不必过分纠结，把自己能做到的部分做到极致也足以看到孩子的变化。

　　"自发"之所以是第一王道，是因为自觉、自主的学习才是学习好的根本所在。这是家长梦寐以求的孩子能够拥有，而当今学生却最欠缺的一种能力。由于家长不知道如何培养孩子的自主学习能力，所以大多把孩子交给了培训机构，其实能起到这样作用的培训机构几乎不存在，真正起作用的可能是某位老师对孩子的引导，或者他们独特的教学方法引起了孩子的学习兴趣，激发了他们进行自发式学习。实际上孩子从小就有自发式学习的本能，只是家长们没能帮助他们把这种本能保留下来，或者说是老师和家长联手把孩子求知

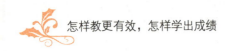
的本能扼杀了，让本该有趣的知识变得只能通过分数来体现。

其实家长完全可以在家里给孩子提供不同于学校硬指标的教育，让他们持续保持对学习的热情，我将在这章节中介绍一些实用的技巧，这些技巧我都曾经用在我自己的孩子身上，所以在他没有进入青春期之前学习的事很少需要我操心。一定要记住这些方法对年龄不太大的孩子更有效，一旦进入了初中，孩子对学习的基本认知已经形成，且学习习惯已经真的变成了难以改变的习惯，再用这些方法可能对他的影响就会受限。

王道二是"共通式学习法"，即适用于全学科的学习方法。现在回想起来，我好像从小就是个考试高手，我总是花最少的学习时间就能取得远超出预期的成绩。以前从未想过这也算是一种技能，因为我认为大家都是这么学习的，后来才发现不会学习的人占大多数。为了让所有想学习或者必须通过考试的每一个人学得不那么辛苦，我把这种学习方法的要点提炼了出来，放在"共通式学习"这一小节，希望可以帮助大家建立一种会学习的思维方式。如果你可以掌握并教给孩子，那么你的孩子也可以像我的孩子一样，不必投入大量的时间在学习上，却依然能有个好成绩。学科之间的差异是现象，现象总是眼花缭乱，让人觉得每个学科都复杂得要耗尽所有脑细胞，但学科之间的相通性才是本质，语文和数学考试的应对方式其实没有什么不同。中考仅剩一个月时，我从数学时而及格、时而不及格的水平开始突击，到最后考出了142分得了全班第一，用的复习方法和语文是一样的，可见抓住了本质之后学习成效的提升是几何式增长。

　　王道三是"体验式学习"。孩子对学习没兴趣是因为课堂上大部分是用耳朵听、眼睛看，犹如成年人去参加一次无聊的会议。而真正的学习是要身体感官、肢体动作、深思表达等全然投入参与的，所以家长能为孩子提供体验式学习环境是王道之三。我会详细介绍我是如何为孩子在家里建起了一个科学实验室，在我对理化知识了解甚少的情况下，仍然帮助孩子完成了他的理化知识学习。

　　王道四是一个跟比赛相关的锦上添花的王道，实际却是孩子学习成绩和学习能力飞速提升的秘籍。一直被提倡的"重在参与"不但不能引起孩子的重视，若连连失败还会挫伤孩子的自信心，降低他们的自尊感。为了某个比赛短期打鸡血一样的付出，才能让孩子在某方面有量变到质变的突破。每个孩子、每个家长至少要认认真真地为某个比赛战斗一次，而我和我的孩子正是因为一起战斗过不止一次，他的成绩才很难变差。

公式四

兴趣发现 > 兴趣选择 > 兴趣培养

多数家长把兴趣的培养放在首位，广泛撒网，最后看孩子能坚持住哪个兴趣班就选择哪个。其实这是一个本末倒置的办法，可以用"三费"来形容，费时、费力、费钱。而兴趣班的正确打开方式是从朝夕相处的细节中先发现孩子的兴趣，然后根据兴趣为孩子选择兴趣班，在兴趣班里把一开始喜欢的领域培养成终身的兴趣，甚至是职业。只有这样才是从孩子本身出发，而不是盲目的或从众的，可以让"三费"变为"三省"。

真正的兴趣是让人发自内心愉悦的，是一种精神需要，根本不需要别人逼迫才去做，而是恳求别人让自己去做。如果你还没有发现孩子对什么事情有如此热忱，那么你就是还没有发现他真正的兴趣所在。如果你用自己的兴趣代替了孩子的兴趣，或者认为女孩就该学弹琴舞蹈，男孩就该学打球下棋，那这种兴趣多半到了初中阶段就无法坚持下去了，因为自始至终孩子的兴趣选择都是由你全权负责，初中学业繁忙，又要面临中考，你一定会认为学习比兴趣更重要，从而让孩子放弃兴趣。

千方百计让孩子喜欢上你为他选择的兴趣班，并告诉他咬牙坚持下去的人是你，千方百计让孩子放弃他坚持了很多年的兴趣班，告诉他兴趣影响学业的人也是你，足见你从一开始就没有搞清楚什么是兴趣及兴趣的作用。真正的兴趣与学习并不矛盾，反而会对学习起到促进作用，是转换脑筋最好的调和剂，也是减轻学习压力的小妙招。所以，越是学业繁重的时候，越应该让孩子坚持自己的兴趣爱好不放弃。

公式四这一章会为大家详细介绍如何用科学的方法发现孩子的天赋，如何根据孩子的天赋帮助他们选择兴趣班，以及如何像伟大的人物那样把自己的兴趣培养到极致等，所有这些其实心理学家和科学家早就给了我们很多理论依据，只是少有家长了解这些理论，并把它们付诸实践。我在实践的过程中也走过很多弯路，全部都会如实奉上，相信会引起很多家长的共鸣。痛定思痛后再来，我更能明白怎样做才有效。

顺势而为的路你和孩子走起来都很轻松，生拉硬拽的前行使你和孩子可能两败俱伤。所以发现孩子的天赋永远胜过对他的培养，只是"发现"这一步真的太难了，唯有敏锐的洞察力、出色的沟通力才能帮助你从孩子和你描述的众多爱好中挑出他真正的天赋。虽然不是喜欢就一定能做得好，但不喜欢一定不会做得太好。如果你想让自己的孩子出类拔萃，那么就按照不等式的顺序来尝试做一下吧！我已经尝试成功了，相信你也一样可以。

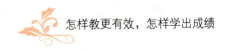
公式五

尊重 ×（早体验＋慢思考＋快调整）⇒职业规划

职业规划是困扰成年人的一大核心问题，但很少有人意识到我们之所以会产生困扰正是因为在学生时代缺少了对自己未来职业的思考和体验。一旦踏上工作岗位，发现工作内容和自己预期的完全不一样，于是跳槽或转行从头再来。这些试错的过程浪费了大量时间，而时间恰恰是你在某个领域精进的必须要素。如何让孩子不再重蹈你的覆辙，就是公式五想要表达的东西。

放在乘号前面的是"尊重"，不难看出当"尊重"等于零时，可以推导出"职业规划"也等于零。把"尊重"挂在嘴边的家长比比皆是，在实际行动中能给予孩子尊重的家长凤毛麟角。所以很多孩子的职业选择都被家长操控着，不管孩子是否擅长，也不管孩子是否喜欢。我想你的职业困惑有时候也来自父母的安排，因为你不想违背他们的意愿，不想辜负他们的良苦用心，所以你顺从了他们，却选择了自己完全不感兴趣的领域，而且余生都要这样做下去。

你想把这样的痛苦和纠结让你的孩子再体会一次吗？

如果你真的爱他，我想你不会。但你可能会迷茫，不知道怎么做才算是尊重孩子的选择，因为你可能也没有被那样对待过。很多人误以为尊重就是听之任之，其实不然。尊重是倾听对方的心声，平等地交流思想，提出中肯的建议，但把决定权交给对方。

出生在体育世家的王嘉尔年仅12岁时就获得了首枚击剑金牌，之后又三次获得亚洲冠军，世界排名第11位，成为最有希望冲击奥运会的选手。同时，17岁那年他还以优异的成绩收获了斯坦福大学的录取通知，那是多少人梦寐以求的世界顶尖学府，只要一只脚踏进去未来的职业发展就可谓高枕无忧。但是大家都知道这两者都不是他成名的原因，他是从综艺节目《这！就是街舞》中逐渐走进人们的视线的。原来当年他放弃了奥运会、放弃了斯坦福，选择了去韩国追逐自己的歌手梦想。如果你是他的父母，你的孩子做了这样的选择，你会不会暴跳如雷甚至以死相逼？可能大家很难相信也很难想象天下真有懂得如此尊重孩子的父母，没有他们对孩子的尊重和信任，也就没有可以追随自己的心、从事自己喜欢的职业的王嘉尔。

有了尊重作为基本条件，接下来就是职业规划中的具体方法了。简言之，就是早体验、慢思考、快调整。还是以王嘉尔为例，父亲曾经是香港击剑队总教练、母亲是中国体操名将，他在这样的环境熏陶下得以早早体验作为职业运动员是怎样的感觉，正是因为有了体验，他才知道这不是他未来想要选择的路，而在学习的这条路上，他和所有孩子一样体验了十几年，他能以全A的成绩拿到斯坦福大学的录取通知书对他来说已经是一种证明，但同样他也很清楚那不是他心之所向。他最终做出去韩国从零开始的决定显然不是头脑一热，而是经过了慎重的思考才确定了自己的终极梦想。在做了决定之后，他和他的父母都立刻进入了"快调整"的阶段，几乎零基础的他在韩国从练习生开始做起，别人每天10小时的训练，他都要给自己再增加五六个小时，他心甘情愿为自己的选择做出负责的态度，让他三年后成功出道，并赢得一片赞赏。

　　这就是一个孩子在被尊重的前提下，做出的追随自己内心的职业选择。

　　公式五这一章将用更多实例为大家讲述如何在孩子未成年时提前让他们了解并体验他们所感兴趣的职业，分年龄段介绍孩子对职业认知的发展特点并揭示职业启蒙的最佳时间以及如何引导孩子找到他们内心所向往又足以自力更生的职业。摒弃等到孩子考上大学甚至大学即将毕业再去考虑职业规划的错误，孩子3岁起你就可以做很多，而这年复一年的积累足以让他还没考上大学就已经有了对未来清晰的规划。

公式六

同理心 + 耐心 + 信心 ≥ 问题纠偏

所有问题的解决都要从理解问题本身开始，就像我们解一道题，首先要理解这道题在表达什么。你找不到解决孩子问题的突破口可能就是根本没能理解孩子为什么会出现这些问题，或者说这些问题到底是不是真正的问题，这些问题的背后孩子真正想要表达的是什么。所以修炼自己的同理心是所有问题纠偏的基础，如果你在成长过程中一直都是家长的乖乖女或宝贝男，从未有过叛逆，也从未有过任何出格的行为和思想，那么让你理解起孩子的表现确实有点难度，可以把公式六这一章多读几遍，再询问一下周围的同事或朋友他们在青春期时有过的疯狂举动或想法，你就明白你的孩子并没有什么大问题，甚至越是曾经"问题"严重的孩子长大后在职场上的表现越出色。

大部分的问题来自孩子希望被看到，但家长却没有给予足够的关注。不是每天给孩子洗衣做饭，就是为他们的学业操心受累。看到他们，你首先要把他们当成独立的个人、与你平等的人，才有可能真正看到他们。很多时候家长最大的问题就是认为孩子还小，什么都不懂，自己必须为他们的人生负责，于是开始对孩子的方方面面指指点点。这就是没有看到孩子，没有尊重他们的想法，最后可能发展成孩子根本不会让你知道他的想法。在我接触到的咨询案例中听到父母最常说的话就是真的不知道他是怎么想的，怎么就会变成这样。当你看不到他，他自然会去找能够看到他的人，或者去做能够让他感受到自己存在的事，毕竟每个人生来都渴望被看到被尊重。

当你能够与孩子感同身受时，你自然会知道如何去解决孩子现阶段出现的问题。这时你需要的就是另外两样东西的叠加了，耐心和信心。对孩子的思想和行为深表理解，对问题所在也探究明白之后，如果你缺乏耐心，以为日积月累形成的问题通过你的神来之笔几天就解决了，那真是大错特错。就像你失去了对一个人的信任可能只因为一件小事，但他做十件大事还不一定能换回你对他的重新信任一样，孩子的问题如果是一年时间形成的，那么你可能要按照两年为期来争取解决才算是有了耐心。

信心也是在问题纠偏中不可缺少的重要因素，如果仅有同理心和耐心，可能会因为没有信心而被拖垮。你一要相信自己有能力帮助孩子解决问题，二要相信孩子有能力自己渡过难关。在你觉得必要时可以向专业人士寻求帮助，这并不代表你的无能，哪怕只是你的无奈被人倾听，也会给你继续前行的力量。

"问题纠偏"的公式之所以是一个大于等于的不等式，是因为当你同时具备了同理心、耐心和信心的时候，你会发现孩子在成长路上几乎所有的问题都将迎刃而解，你会收获到远远大于解决"问题"本身的成效。你的生活可能会发生天翻地覆的变化：你不会再为学业跟孩子争吵，而变成了对他的体谅；你不会再因为孩子早恋对他非打即骂，而能够借此机会跟他聊聊什么是好的爱情，你也可以给他一些成功或失败的借鉴；孩子也会出乎你意料地跟你分享他的各种见闻和想法，有大事小情都愿意和你商量，也不必再将手机锁屏，不再担心你破解他的密码。

教育孩子的那些"鸡飞狗跳"将从此与你无缘，只剩下"父母慈、子女孝"，这样的生活不美妙吗？你的孩子应该不至于像我的孩子一样同时拥有四大难解问题：拖沓、厌学、逃课、早恋，所以带着你认为的问题去"问题篇"里找答案吧！我拥有的"母慈子孝"的美妙生活你也一样可以拥有。

Part 02 品格篇

约等式：拥有四种品格，孩子未来可期

独立

让孩子明白"我爱你！但我是我，你是你"

在所有的品格中，家长们最想孩子拥有的可能就是独立了。能吃辅食时盼望他们可以自己吃饭，上幼儿园时盼望他们可以自己穿衣，上小学时盼望他们可以自己独立完成作业，假期时盼望他们可以自己安排好时间。对于更大一点的孩子，家长们则盼望他们有独立的思想。这些热切的盼望是任何一个爱孩子的家长都有的，可最终拥有了独立品格的孩子凤毛麟角。这是为什么呢？

孩子不独立因为你并不真想让他独立

不知道你是否有留意家长们最常挂在嘴边的话是什么？

"听话！"

没错，就是这一句！那么家长们最常抱怨的一句话是什么？

"我家孩子一点也不听话！"

完全正确！我都已经40岁了，我的父亲仍然经常说"你这孩子怎么一点儿也不听话呢？"紧接着还会就我不听他话的事件劈头盖脸地骂我一顿。父母就是这样充满矛盾，一方面对人对己都希望要培养一个有独立能力的孩子；另一方面却只想你在他们可控的范围内独立，不允许你有不同于他们的思想和行为。这种自相矛盾的教育方式怎么可能得到一个独立自主的孩子呢？除非你的孩子真的足够叛逆和反抗，最后压倒了你的权威，他才有可能获得真正的独立，但孩子又不得不背上"不孝"的道德指责，可能也会生活在痛苦之中。

很多人羡慕我的孩子很独立、有自己的想法，又听话，这种夸赞实际上也是矛盾的。其实他们不知道我的孩子根本不是一个听话的孩子，当然，我从不需要他听话，也从来没有给他灌输过要听谁的话的思想。因为"听话"意味着把他人的指示凌驾于自己的内心所向，只会让人渐渐丧失独立思考的能力，也很难有创造力。所以如果我的孩子变得听话了我只会觉得自己的教育很失败，可惜大部分家长却在羡慕听话的孩子，并拼尽全力把自己的孩子教育成听话的孩子，这从教育的本质上来说就错了。只有你放开手、放下心，让孩子按照他自己的节奏去成长，按照他自己的思维去审视客观世界时，才有可能帮助孩子发展出独立的人格。你再爱他，也不能代替他去成长。为了让孩子少走弯路而自以为是地替他安排好一切，还指望他能够独立于你，是非常可笑的。

家长不敢让孩子独立的背后，实际上还透出了对孩子能力的不信任，认为孩子不如自己，这一点其实孩子也一样能感觉到。如果自己怎么努力想要自己的事情自己做，但父母都不给自己机会，认为你还小，没有他们懂得多，那所有的努力都将成为徒劳，孩子也会渐渐放弃争取独立。不是只有被电击过的狗才会患上习得性无助，人也是一样的。你的每一次包办代替都相当于一次猛烈的电击，当你有一天把保护孩子的门打开时，你会发现孩子们也早已失去了逃脱的欲望，任由你安排和摆布，不会提出任何质疑和反驳。

还有很隐蔽的一点，就是很多家长不能接受孩子独立，因为孩子独立意味着与自己的疏离，家长——尤其是孩子的主要代养人，从心理上是不愿意接受的，所以反映在行为上就是控制孩子。他们嘴上说希望孩子快点长大成人，自己清闲清闲，但是当孩子进入青春期后，开始更喜欢和同学一起玩，家长就开始失落了，还经常以一些冠冕堂皇的理由阻止孩子和同学玩，如耽误学习。其实家长们是想把孩子留在自己身边，多陪自己，尤其是全职妈妈，因为从精神层面上，她们仍然认为孩子是属于她们的，而不是属于孩子自己的。这也是为什么如果儿子找了女朋友，或者结了婚，当妈妈的都很难发自内心地接受，因为有人来和她抢儿子了。所以并不是孩子不想独立，而是家长害怕分离。

渴望独立是每个人的本能

谁也不想要出生时躺在床上不能翻身、不能用言语描述自己的需求，一切只能用哭来表达的无助感。孩子第一次拿起勺子，试图把饭喂到自己嘴里时，即便小手在颤抖、把握不好勺子的方向，把饭撒得到处都是，哪怕有一粒米成功进入了自己的口中，那也是令孩子欣喜若狂的，因为他终于体会到了自己吃饭的滋味。吃饭是身体成长的必须，是一个人的生存之本，这项新技能的掌握大大提升了他对自己独立生存于世的信心。

可是家长却以为孩子小，或是嫌他们每次吃饭都把桌子和地上弄得很脏，自己还要收拾，就干脆包办代替，一喂到底。等孩子到幼儿园以后再去慢慢学习如何自己吃饭，他已经错过了最佳学习时期，而且也已经体会过一次自己想要独立时却被家长剥夺了权利时的挫败。孩子的独立不是一蹴而就，而正是家长们对待孩子成长过程中一次次小的生活事件的态度而慢慢形成的。小到替孩子穿衣服、帮孩子收拾书包，大到给孩子选择大学专业，甚至长大以后替孩子找结婚对象，实际上和给孩子"喂饭"都属于同类事件——父母用所谓的"爱"逐渐摧毁了孩子们渴望独立的本能，而把他们变成了只能依附于自己而存在的"物品"。

被中科院退学的"神童"魏永康，上到高中时妈妈还在喂饭，当17岁的他独自面对大学生活时，他表现出的仍然像个两岁的孩子。脏衣服堆满寝室不会洗，冬天穿着单衣拖鞋去逛天安门。高能物理所硕博连读的研究生本该是一等一的人才，却因为他母亲的无微不至而成了一个废材。而他被退学以后，他离家出走过，也试图工作过，但发现自己什么都适应不了。后悔万分的永康妈妈也只好开始从最基本的生活技能一点一滴开始教自己那已经长大的孩子，因为孩子虽已成年，但并未成人。当魏永康终于脱去了"神童"的光环，

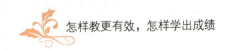

而开始踏踏实实地用自己的双手去生活时，他的人生也发生了变化，可以正常工作，也如普通人一样娶妻生子过起了自己的小日子。

独立——从培养一个合格的保姆开始

相比之下，我的孩子在成长过程中好像没有享受过什么"优待"。从会拿勺就开始自己吃饭，即便吃一碗能撒出去半碗；从教会他洗衣服，所有的衣服就都要自己洗，大件求助洗衣机，小件全靠手搓；从学会了做饭洗碗，就要和我轮流下厨房，有时他想吃但不会做的东西还得自己查食谱，比如炸鸡他经常馋得不行，但当时我们住的地方叫不到外卖，结果后来逼得他做出的炸鸡和外卖一样的味道。现在我知道虽然他没有独自在家待着的机会，但他已经完全具备了自己生存的能力。会买菜、会做饭、会洗衣、会打扫、会网购，保姆差不多也就这些工作吧？说不定他还能给主人家的孩子辅导一下功课，帮忙安装个家具，这些他都属于熟练工种。

看到这里你可能会感叹：这孩子也太勤快了！如果是我们家的孩子让他干他也不干啊！如果你有这种想法那你一定是没有理解过保姆的工作，没有哪个保姆是真正勤快的，但那是他们的职责，他们必须得干，不然就会失去工作，就会没饭吃。谁不愿意"衣来伸手、饭来张口"呢？我的孩子也是一样，他恰恰是那种超级懒惰型的，不仅不爱做家务，很多事他都懒得做，但他和保姆们一样，他知道那些是他的"工作职责"。如果自己不洗袜子那就只能承受脱鞋时臭气熏天的尴尬，等待他的则是同学们的满脸嫌弃。当然了，也会等来我的满脸嫌弃，而且我也不会帮他洗。不得不说，摊上我这样的妈妈，他想不独立都难！

有的家长可能觉得做家务和自己想让孩子拥有的那种独立不太一样，只要考上重点大学，将来孩子能做出一番大事业，可以雇保姆帮他干这些杂活。孩子学习那么忙，不应该把时间浪费在这些事上；孩子那么聪明，长大之后这些小事肯定一学就会。恭喜你，你和魏永康妈妈的想法真是不谋而合！虽然你的孩子不至于被退学，但他也不一定会有很高的成就动机。成就动机是一个孩子希望从事一项有意义的活动，并能从活动中获得满意结果的内在心理动力，而成就动机最初是从哪里来呢？它就来自孩子第一次可以用勺吃饭，准确地把饭送进自己的口中的惊喜；来自第一次靠自己双腿的力量完成站立的动作，跌倒后发现自己还能站起来的快乐；来自自己可以做一种自己喜欢的食物，而不必再去依赖于他人的自豪……

就是这生活中的点滴小事让孩子可以反复体验成就感，好的体验体验得越多，孩子就会越独立越自信。相反，如果他们没等自己去体验，就被家长都抢先做了，那么他们也必然不会有太高的成就动机。因为反正饿了会有人喂、倒了会有人扶、想吃什么只要动嘴说一声，餐桌上就会出现自己想吃的食物，那怎么可能还有动力去自己尝试呢？毕竟尝试的过程中必然会有一次甚至很多次失败才有可能真正掌握一项技能，当一切唾手可得又何必让自己再去承受这

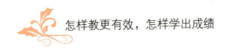

种打击。

那些总抱怨自己的孩子抗挫能力差的家长，现在可以回忆一下孩子从小到大你抢着为他做了多少本该他自己做的事了。遇到点儿困难就想放弃，没有一点儿迎难而上的精神，不是他的错，而是你的错。是你没有让孩子体会过通过自己的努力做成一件事之后的那种成就感，也没有让他体会过做成一件事之前需要经历多少失败和挫折，所以他们不可能有在逆境中战胜困难的勇气和决心。成就动机低同时也会造成孩子没有能力给自己树立目标，因为他们根本不知道自己想要什么，所有的事情家长都已经帮他们安排好了，他们没有思考什么事情才是对自己有意义的机会。而成就动机高的孩子则更容易全然投入一项他认为有意义或有趣的活动当中，并不断去探索，并争取精益求精，他们很清楚困难就横在面前，但对于他们来说不过是一脚踢开的事，如果一脚不行那就再来一脚。因为他们已经在无数次的生活小事中体验过失败的不可避免和成功的必将到来。

世界名校开始考核家务了？

是的。现在很多家长们都致力于把孩子培养成"世界公民"，但是却经常忽略世界公民最基本的素质是要有责任感。责任感来自哪里？又怎样考核？哈佛大学给出了答案：如果一个孩子不做家务，说明他对自己的家没有什么责任感，一个对自己的家都没有责任感的人怎么可能奢望他对这个世界有责任感呢？所以现在很多世界名校除了必须的成绩和社会活动之外，还会考察孩子们平时做家务的量。千万不要妄图在教授面前扯谎，他们可个个都是顶级IQ，几个连环夺命问保证你分分钟现出原形。

即使你的孩子不是非要进世界名校，你也应该知道哈佛大学为什么决定增加家务作为招生考核标准之一。因为这源自一项他们的研究成果：做家务的孩子比不做家务的孩子成年之后更容易获得幸福感，身体更健康、离婚率也更低。在就业率上二者的比例是15∶1，而犯罪率正好相反，为1∶10，也就是说做家务的好处并不仅仅是能让孩子们变得独立，它还能让他们未来更幸福、更健康、更容易找到工作，而且更不容易走上犯罪道路。难道这不该是每一位家长的最终愿望吗？

家长和孩子都应该明白，虽然你们有血缘关系、彼此相爱，但你们仍然是各自独立的人，有着完全不同的人生轨迹，谁也不能永远地陪伴谁，谁也不该忍不住想控制谁。从孩子离开母体的那一刻，分离就已经开始了，家长能做的也最该做的是帮助他们更好地走向独立，成就属于他们自己的人生，而不是以爱为名为他们操劳一生。你也该有自己的人生。当你开始走向独立，孩子也会为你欢呼雀跃！

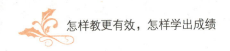

自信

陪孩子跳出舒适区，战胜不适信心自来

　　回忆一下什么场景曾让你自信爆棚？是完成了一次精彩的演讲赢得了满堂喝彩之时，还是成功说服了最难缠的客户之后？是跑完马拉松全程还是年终评优？相信不管是哪一种，都不难得出一个结论：自信绝不会来自一项轻而易举就能取得成功的任务。

　　其实这个结论同样也适用于孩子，但很多家长却没有意识到，还在用单纯的鼓励和夸赞等比较传统但却省力的方式来增强孩子的自信心，结果收效甚微。

为什么孩子的自信很难培养？

　　培养自信不是靠每天夸孩子"你真棒"，或者在他们遇到挫折时安慰他们"你已经做得很好了，还有很多人不如你呢"，而是一个需要将狠心和耐心用到极致，并且长期坚持的过程。"狠心"和"耐心"听起来似乎是对家长提出了两个完全相反的要求，但实际上在教育孩子的问题上二者却是相辅相成的。"狠心"是指家长在看到孩子受苦时不能心软，在孩子想要退缩时不能应允，受苦包括身体上的苦，如练习某项体育运动，不流汗不流泪很难练就一身真本领，也包括精神上的苦，如学习某种乐器，或者学习知识，都要忍受学不会、记不住、反复学、反复记的折磨。"耐心"是指为了最终收获一个自信满满的孩子，要留出足够长时间的等待期，并且能忍得住不因为孩子的怯懦而暴怒或长期没有改观而认怂。

另外，夸奖和鼓励虽然都对培养孩子的自信很有帮助，但是很多家长却因为方法使用不当而最终没有对孩子起到任何效果，甚至有时起了反作用。比如，夸奖孩子一定要有的放矢，针对某一具体行为，而不能万箭齐发，什么事都乱夸一通。又如，一个孩子长得不漂亮，但家长担心她不自信，从小就经常夸孩子"漂亮""小美人"，当孩子有了同伴对比，建立了自己的审美观之后很容易就会发现自己长得一点也不漂亮，父母用心帮她构建的美丽世界就会坍塌，她很可能会陷入极度自卑之中，甚至埋怨父母为什么要骗自己。用孩子的弱项或缺点来夸奖她最终只会扭曲孩子的自我认知，反而害了孩子。对于任何一个孩子来说，正确的夸奖方式其实很简单，就是用孩子真正的强项和优点来夸他们，而不能带着"我的孩子什么都好"的心理无视客观事实泛泛地夸他们。针对孩子不同的表现，夸奖的语言也一定不能千篇一律，如果你发现你夸孩子的时候他们已经没什么反应，就要注意你是不是经常只会说"我家大宝真厉害""你可真懂事"之类的话了，因为很可能是孩子已经听腻了你的夸奖，说再多遍也是没有效果了，你还没开口他就知道拿回一张100分的考试卷回家你会说什么。所以，不妨试试用提问的方式来表达你对孩子卓越表现的惊喜和好奇，让他们讲讲自己是如何取得那些令人不可思议的成绩的，付出了什么努力、有什么秘诀等，他们讲的同时自己也一定会受到感染，发现自己的确做了一件了不起的事情，这时孩子的自信才有可能被瞬间点燃！

战无不胜、唯有"狠心"

有了正确的夸奖之道为基础，就可以让"狠心"这个角色登场了！"狠心"一直以来只能让人联想到家长对孩子的"狠"，其实它还有一层更深的含义，那就是家长对自己也要"狠"。很多家长的"狠心"对培养孩子自信毫无作用可言，正是因为他们把孩子独自推出了舒适区，而自己却没有跟着一起跳进去，让孩子孤立无援地面对了一切。

什么叫家长对自己也要"狠"呢？就是你要陪孩子一起做好受苦的准备，包括前面提到的身体上的苦和精神上的苦，并且切实付出行动。举个例子来说明我们究竟该对孩子，对自己狠心到什么程度才有可能走出舒适区，培养起孩子的自信吧！我的孩子曾经在第十四届"外研社杯"中小学生英语大赛全国总决赛获得了个人技能赛全国一等奖，在别人看来这是一个顺理成章、能力使然的结果，但只有我们自己知道这背后的付出是多么令人折磨，其痛苦程度让我们一度决定再也不参加任何形式的英语比赛。但不得不说正是这样一场比赛让孩子明白了原来通过努力是可以超越自己原本的能力，从而获得出乎意料的结果的。而这种超越无形中帮助孩子建立了

"只要足够努力，自己无所不能"的信心。

为了比赛我和孩子做了怎样足够的努力呢？有一关是单词听写，确实听起来非常简单，也是孩子们在学校几乎每天都会练习的形式，但我记得这一关却意外淘汰了很多小选手。更让这些小选手们捶胸顿足的是他们不是不会写那些单词，而是由于没有听清楚发音所以写不出来。因为平时老师和家长给他们做听写时要么是念英文单词的中文意思，要么是用自认为准确的英语发音给孩子做听写，而比赛规则中明确说明播放的是标准英音，其实和我们平时的发音相去甚远，所以即便是孩子们非常熟悉的单词和他们平时听到的读法不一样时，他们也很难写出来。而我和孩子在准备外研社比赛时，每次听写都是按照题库的词单一个一个播放它们的英音，只记得当时我的手指已经要被电子词典的反作用力弹残，而我的孩子也因为听不出"bag"这么简单的词只想摔笔。他从小的英语启蒙一直都跟着美籍外教学习，所以同一个词英音和美音差异较大时他根本听不出来，听不出自然写不出，有时候一个单词甚至在连续五次听写中都写错，可想而知他最后能在听写这一关一词未错都经历了什么。至今我都记得他比赛回来时对我说："妈妈，幸好咱们一直练习用英音听写了，不然我也像其他人一样明明会的单词结果写不出来！太可惜了！"试想我如果当初对自己好一点，给自己省点力不给他一个一个播放英音，或者是如果我对孩子好一点，知道那些他听不出来的单词他是会写的而不再去让他反复练习，那他在这一轮也是一样

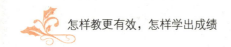

难逃被淘汰的命运。

而能杀进国赛这一轮的付出还仅仅是个开始，真正需要下狠心的是从用英语讲述成语故事和中华典故开始，由于是随机抽取的形式，所以所有可能出现的成语故事都要提前背诵下来才有可能临危不乱。当时他只有四年级，把汉语故事翻译成英语的重任自然落在了我的肩上，作为英语非专业人士，多少个夜晚我都在抓耳挠腮，各种翻译软件通通用上也拼凑不出"滥竽充数"和"孙悟空三打白骨精"的稿子，但是自己选的路腿被打折也要坚持走完。孩子在背诵稿子时还要像总编一样提出很多修改意见，哪句写得不顺口，哪句写得不顺心我都得虚心接受批评指正，他背得叽叽歪歪恨不得手撕讲稿时我还得使用"摸头杀"安慰，并承担起抢救手稿的角色。此过程反反复复长达4个月之久，直到国赛决赛前一晚他还背稿到后半夜两点多钟我都没有表现出心疼。第二天他走出赛场时胸有成竹地说"一等奖应该没问题了"，我知道所有的"狠心"让他收获的不仅是一纸奖状，还有自信满满。

耐心能换来你想要的一切

如果说"狠心"是培养孩子自信的充分条件，那么"耐心"就是必要条件，而且家长的"耐心"不仅是培养孩子自信的必要条件，更是孩子最终成才的必要条件，不懂得给孩子时间成长的家长很难得到一个成才的孩子。巴尔扎克曾说："人的全部本领不过是耐心和时间的混合物。"很多家长在教育理念上说得头头是道，替孩子规划未来时也显得很有策略，但是真正执行时却没有耐心，结果他们所期待的往往是一场空。

丧失耐心的家长呈现给孩子的可能是怒吼咆哮，可能是指责埋怨，也可能是置之不理，但无论哪一种，都能轻而易举地摧毁孩子正在逐渐建立起来的自信心，孩子透过你的行为除了能看到自己的无能之外，还会加深对自己的埋怨：因为自己无论怎样做都总是让最亲近的家人失望。而如果孩子原本一直做得很好，但中途有一次不那么尽如人意，你又经常因此失去耐心而对孩子横加指责，那么"恭喜你"！一个自卑的孩子正向你缓缓走来——因为无论如何都不能取悦自己的父母是子女一辈子无法释怀的痛。虽然也有一些孩子因此而选择不断提高对自己的要求，取得了令别人羡慕的成绩，看起来成为家长的骄傲，但他们骨子里渗透着的自卑将永远伴随着他们，说不定什么时候就冒出来将他们推向万劫不复的深渊，那些十年寒窗苦读最终考上名校或者事业有成却又自杀了的孩子们就是最好的例证。

生活中没有耐心的人大部分是没有大智慧的，而有耐心的人通常能等到他们所期待的结果。对于孩子的培养来说，更是如此，正确的理念加上持续的耐心可以换来你想要的一切。

来自自信孩子的几点建议

在写"自信"这一段时，我询问了我的孩子是什么让他变得如此自信，请他帮忙回忆他的成长道路上哪些事件对建立他的自信心起了推波助澜的作用。除了上面已经提到的那次比赛，他还给了几个有点出乎意料的回答。第一个竟然是大声说话！他说：音量大可以让人变得自信，这一点他在另一个全国性演讲比赛中得到了验证，那是他建立自信途中的首个里程碑，自此他就在自信的路上健步如飞了。

第二个是练习表达。他小学二年级时力压六年级的大哥哥获得了全校魔方冠军，之后在我的"威逼利诱"下办了一个魔方班，收了几位同学做学生，他本来是那种几乎不太爱说话的孩子，声音又小得可怜，但既然做了魔方老师就要授课啊，他无奈之下才开始像挤豆子一样给他的学生们做讲解，课后又给大家录制视频用于复习。他说这样不仅锻炼了他的语言表达能力，还教会了他的"学生们"如何解魔方，又帮助他建立了自信，虽然我知道他其实只教会了一个学生而已。

最后一点也是让我觉得最惊讶的一点，他说自己最近两年会在雪场上寻觅那些不太会滑的人，然后主动去教他们。教会他们能带来成就感，教不会也没关系，因为他想锻炼的是与人交流的能力，以前他并不敢主动对人讲话，但当他选择了和别人讲话，并且也得到了积极反馈时自信心就不请自来了，也就是说"搭讪"这个勇敢的行为客观上也对培养自信起了一定的作用。所以，家长们不妨在确保孩子安全的情况下，让他们尝试一下去公园里向陌生人发放公益宣传册、街头采访等类似需要与人沟通和交流才能进行的活动，前提是他们自己愿意尝试，而不是受到了你的"逼迫"。当然，你也可以像我一样，偶尔使一些不易被觉察的小手段让他们愿意。

讲到这里，相信你或多或少都会对如何成就一个自信的孩子有所感触了，不要吝啬你的夸奖和鼓励，但要正确地运用它们；不要对孩子有太多的"怜悯之心"，陪他一起跨出舒适区，体会一下"备受煎熬"的滋味，或许有意想不到的收获等着你们；不要做一把刀，要做一滴水，当你有水滴石穿的耐心，不怕没有出类拔萃的孩子。

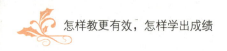

坚毅

把孩子交给极限运动或终极挑战

大部分家长最期望的恐怕就是自己的孩子长大之后能建功立业，事业有成，并且为了不让期望变成失望，家长们都拼尽全力为孩子提供更好的教育，只求他们在学生时代就能获得优异的成绩。还有一部分家长认为自己的孩子智商一般，长大了也不可能出人头地，只求孩子将来能够自力更生不啃老，而采取了佛系养娃的态度和手段。

很遗憾，这两种家长都没搞清楚什么才是一个孩子能赢在未来的要素，但是这不怪他们，因为科学家们也是最近几年才有了较为清晰的定论。曾获得美国麦克阿瑟奖的心理学家安吉拉·达克沃斯，放弃高薪的咨询工作转而从事教育行业，并开始研究"成功者为什么会成功"，这期间不仅对各行业的精英、运动员、艺术家等进行访谈，还做了大量追踪实验，经过近10年的时间终于发现：一个人能够最终获得成功，起重要作用的并不是人们通常以为的智商和成绩，也不是情商和天赋，更不是家庭收入和身体状况，而是一种令人意想不到的品格：坚毅。坚毅是对长期目标的激情和坚持不懈的韧劲。

坚毅让孩子赢在未来

安吉拉·达克沃斯在一所比哈佛大学更难申请但却辍学率极高的西点军校做了一系列的实验，经过调查，由于学校的严苛，即便被录取的学生也有20%选择中途退学，原因是无法忍受为期7周的入学训练营。而当查阅了这些退学学生的资料后发现，他们并不是成绩不佳、体能最差的学生，但他们确实有一个共同点，那就是在入学时填写的坚毅力评估量表中得分都比较低。为了验证这一结果并非偶然，安吉拉·达克沃斯在第二年又进行了同样的评估，结果成功预测了哪些学生会选择退学。中国家长很熟悉的"Spelling Bee"英语拼词大赛，安吉拉·达克沃斯也做了研究，并不是越聪明的孩子才更容易赢得比赛，而是越坚毅的孩子才能在比赛中走得越远。通过以上两个研究不难看出，坚毅水平在很大程度上预示了一个人的成功或失败。

让我们回到一开始提到的两种家长类型：如果你是望子成龙的家长，那么首要任务不是把孩子的学业成绩培养得多么出类拔萃，而是最先考虑培养孩子坚毅的品格，否则他即便升入了世界顶级学府也有退学的风险；如果你是对自己孩子的智商没有信心的家长，你现在应该知道智商的高低与孩子未来的成就并没有多大的相关性，所以请不要那么早就给孩子贴上"脑子不适合学习"的标签，只要培养方式得当，你的孩子将来也有可能成为博士，因为智商高从来就不是博士录取的必要条件。但执着于自己所研究的领域，坚韧不拔的学生往往更能得到博导们的青睐，因为他们更清楚读博的痛苦并非常人可以忍受，一篇毕业论文一写就是三四年，中间还要经历无数次修改和大大小小的课题研究，这绝不是仅靠聪明就能完成的任务，但是靠坚毅却可以。很多研究数据都表明，从小被认为聪明过人的孩子长大后大部分都一事无成，天赋并没有给他们带去成功，因为他们的性格中缺少了坚韧不拔的品质。成年人也是一样，我们经常遇到一些才华横溢的人，但他们却没有获得对等的成就，不禁让人感叹怀才不遇，世道不公，其实他们不成功的背后一定另有原因，不是时机未到，就是他们的信念和行为中也缺少了"坚毅"这个必要条件。

那么问题来了！如果拥有了坚毅的品格，孩子就能变得未来可期，该如何培养呢？很多家长一到假期就喜欢把孩子送进封闭式军训营，以期望回来之后孩子一下就变得坚强有毅力了。如果真的有这么简单，那么满大街就都是成功人士了。孩子的教育是最没有办法偷懒的事情，尤其是品格的培养，是一个长期而艰巨的任务，你一偷懒反作用立刻就出现了，随时可能功亏一篑。所以，你自己首先要有坚毅的品格，否则根本坚持不下去。

为什么极限运动能让孩子变得坚毅

帮孩子找到一项能够长期参与的固定课外活动对培养他的坚毅

品格来说至关重要，这个活动一定要带些挑战性，因为任务太简单无法激起孩子长期的热情。我的孩子经过几年时间的反复筛选，从跆拳道、棒球、游泳等运动中最终选择了滑雪。虽然现在雪场的安全设施都很棒，但还是经常有人从雪坡上被抬下来，我从未想过从小就胆小和谨慎的他有一天敢以每小时近百公里的速度冲下陡峭的雪坡，更不敢想当雪板被大雪块绊倒时，他被高高抛起又重重摔在地上，连续翻滚下雪坡头脑不清之后，他不仅没有选择放弃滑雪，反而更加坚定和充满热情。

每一次跳跃都要使出全身的力气，每一个动作都要重复练习上百遍才能做得更漂亮，就是在这一次次磨炼中，我可以真切地感受到孩子的变化。而这种变化最主要的不是他滑雪水平的提升，更多的是他性格的改变。由于这对他来说是一项全新的运动，一开始一个小小的进步都足以令他激动不已，他会用夸张的表情跟我分享在雪场的经历，而以前他是个腼腆到最多只会微微一笑的男孩。此后每一年的寒假我都会带着电脑去雪场办公，而且我们每天都去，几乎没有什么休息日。零下二三十度的寒冬里，小小的他总是从雪场开门营业一直滑到关门休息，虽然他学滑雪起步比别人晚，但因为他的专注和坚持，使他进步非常迅速，我们一度想过要休学一年进行专业训练，然后参加北京冬奥会的选拔，可惜晚了一步。

但是，通过孩子的讲述，我知道了为什么滑雪这项运动能让他变得不再畏首畏尾，而是更加坚强有力。他说当山下温度零下35度时，山顶气温更低，狂风卷着大雪从坡底倒灌着往山顶上吹，他刚一站起来就被大风打得摔倒在地，那时他的体重只有50多斤，和一袋大米的重量差不多，要抵御刺骨的寒风迎面砸下来的痛，又要逆着风用整个身体的力向下俯冲，而这仅仅是开始。一趟滑下来之后，又要再坐着魔毯或者缆车再次上到山顶，经历刚刚艰难的一幕，每天需要重复三四十次。坚毅来自哪里？我想就来自这恶劣环境下的每一次寒风洗礼，来自跌倒又爬起的每一次经历。

冒险是用科学培养能力

我深深地知道，孩子越小，这些经历就越容易刻进他的骨子里，而坚毅这种品格也会随之融化成为他身体的一部分。所以除了滑雪之外，我还时不时带他去冒险。曾经有很长一段时间，即便是在极具冒险精神的西方国家，那些冒着生命危险玩极限运动的人也被认为是心理不正常的，直到美国心理学家奥柯尔维关于冒险家们的研究结果横空出世，人们才知道原来这些冒险家们不仅正常无比，而且比常人心理素质更好，抽象思维能力更强，智商也更高。更重要的是他们并非不要命，恰恰相反，他们更珍视生命，每一次冒险都会精心准备，绝不心血来潮、鲁莽行事。

其实关于冒险的益处科学家们也已经帮我们研究过了，冒险这项活动可以塑造的能力远超我们的想象！澳洲学者詹姆斯·内尔从户外冒险活动中总结得出"生活效能"的概念，生活效能是指在各种生活情境中都能够成功胜任的能力，这与"坚毅是人们获取成功的关键因素"的研究相得益彰。它不仅包括时间管理、成就动机，还包括社交能力、主动性、控制观等九个方面，也就是说一次冒险活动可以锻炼的能力非常多，如果安排合理，孩子一定会从中受益。孩子从5岁开始，我和他的旅行几乎都是以冒险为主线的，在他8岁那年我们完成了第一阶段的终极目标：珠峰大本营！我们辗转来到世界之巅，亲手捧起生命源头的圣水，亲身感受凛冽的寒风和稀薄的空气带来的窒息感，最后跨越生命的极限再次回到低海拔的地面，那一刻仿佛整个人的身心都被大自然注满了力量。这次旅程对他的成长来说意义深远，其中还有一个最令人意想不到的影响，那就是对写作文很抵触的他竟然在一年后的一次作文课上一气呵成写出了一篇关于珠峰的范文，还在全班同学面前朗读，这给了他极大的鼓舞，而他的话也让我意识到这场精心准备了三年的冒险旅程是多么值得！

"世界上绝大多数人一生都没有机会去一趟珠穆朗玛峰，但我却8岁就到了它的脚下。虽然凌晨3点就要起床、虽然高原反应让我头昏脑涨，但能亲眼看到珠峰的巍峨，真的很幸运也很难得！"

这是一场不建议模仿的旅行，因为我们从医院买的巨型氧气袋还没到珠峰就已经漏得所剩无几，还好我和孩子只是看起来瘦弱，实际都如牦牛一般，几乎没有什么高原反应。当然这跟我们三年来循序渐进地尝试和锻炼有关，我们喜欢爬野山，在四川我们尝试了一座海拔近2000米的山，他可以像山里孩子一样快地爬到山顶，于是有了后来海拔3000多米的青海湖之行。当我们继续挑战海拔4000米的香格里拉时，我们已经可以在雪山上玩百米冲刺比赛了，所以到了西藏，经常越过海拔5000多米的垭口，我们并没有感到什么不适。"别人旅游看景，我们旅行玩命"，这话用在我们身上确实很贴切，但也正是这些"玩命"的举动让孩子学会了出发前如何未雨绸缪地准备物品、摆脱对高原反应的心理恐惧，在路上如何应对突如其来的意外，缺氧时如何调节自己的呼吸、克服身体的极限；让他懂得了要想到达理想中的目的地，不可能一蹴而就，要做好耗尽所有的充分准备，抱着"不撞南墙不回头"的决心和信念，才有可能因为努力而幸运地看到属于他的"珠穆朗玛"。能达到自己人生巅峰的人都有这样的准备和信念，没有人可以随随便便成功。

坚毅不是被折磨出来的

培养孩子坚毅的品格虽然有很多需要刻意练习的部分，但值得注意的是方式方法更重要，如果你让孩子感觉你是在折磨他，那么不但不能让他变得坚毅，反而可能会对他造成心理上的伤害。比如学习游泳，我听说有一种备受推崇的方法竟然是将不敢下水的孩子扔进水里，让他自己挣扎着扑腾上岸，然后家长再毫不留情地把筋疲力尽的他扔回水里，家长下不了手时就干脆把孩子甩给教练，如此反复训练。求生的本能确实能让孩子更快地学会游泳，但孩子毕竟是有情感的人类，而不是其他动物，当他呛水呛到无法呼吸、泪流满面，好不容易爬上岸时，等待他的却不是来自亲人的安慰，而是再一次无情地把他推入"危险"之中，让他以后如何才能不缺乏安全感？如何才有勇气去相信他人？连自己最亲的人都毫不顾及自己的安危和感受，怎么能渴望别人能给自己保护呢？所以不管你多么渴望孩子能够快点进步，多么想锻炼他的心理韧劲，千万不要做"捡了芝麻丢了西瓜"的蠢事。

教育的路本就没有捷径可走，品格的培养更不是一件只争朝夕的事，而在所有的品格里坚毅更是需要长期不懈地努力才有可能培养起来的，因为它本身就是坚持力的不断复演。如果你和我一样是个没有毅力的家长，也不要太担心自己无法一直坚持好好教育孩子，先给自己找一项或许可以展现你坚毅一面的活动做起来，比如我选择了写书，不是每一天都能"文思如泉涌"，把头发抓掉也想不出一句话该怎么写才是常态，中途有很多次都想要放弃，但我却告诉自己无论如何这次要挺住，哪怕一生只坚持住了这一件事，我的孩子也看得到我的用心和努力，我这面镜子迟早会反射出坚毅的光芒。

感恩

给孩子训话十次不如去山里走一次

我遇到过两类家长：一类是抱怨自己的孩子不懂得感恩，好像别人为他付出什么他都觉得是应该的，也很少说"谢谢"；另一类家长则认为自己对孩子的爱是不求任何回报的，只要能让孩子过得好，牺牲自己也在所不惜，根本没想过要让孩子感恩于自己，也不需要他们的感恩。

那我为什么一定要把"感恩"这个听起来有点矫情的词放进孩子必备的四大品格之一呢？其实和所有家长的初心都是一样的，是为了孩子好。要教会孩子感恩，让他们拥有这种品格或者说是能力，不是单纯为了让他们对父母的养育感恩戴德，而是为了让他们未来的人生少一些苦恼和抱怨，多一些睿智与豁达。

心理学家罗伯特·埃蒙斯博士专注于对"感恩"的研究，他通过实验发现心存感恩的人更容易感到幸福，那些有意识地培养自己感恩思维的人能够将自己的"幸福定位点"提高25%。

另外，由于"知恩图报"，不论是在职场中还是朋友圈里，感恩的人往往会有比较和谐的人际关系。

一个心存感恩的孩子长大之后，他不会轻易抱怨自己的遭遇，遇到困难或不公时会思考如何解决问题，改变现状，这是一种非常积极的处事态度，会给自己的人生带来意想不到的转机。

避免让孩子将你的爱"习以为常"

家长们总想把最好的留给孩子，小到一个食物好吃的部位，大到金钱、房子和事业，不管孩子提不提条件，自己都先无限度地满足，生怕孩子失去了优越感。殊不知这正是培养孩子感恩的大忌，甚至有更大概率能培养出一个不孝子。当你一切的付出变得"理所应当"，孩子不会"受之有愧"，但当你一如既往做的事哪天没有之前做得那么到位时，孩子的不满情绪"噌"地就上来了，说不定还抱怨"怎么今天又做这个啊？我都吃腻了！"而去过四川山里因为不吃辣而挨过饿的孩子深深知道：能有一顿像样的餐食已经很不容易，哪有挑三拣四的工夫？这就是我的孩子。家人为他做饭他会开心，也会感恩，但如果某顿饭菜不合他的口味，他要么自己亲自下厨，要么生生噎下一碗白米饭，也从不会抱怨。

千万别把对孩子的爱变成一种常态，不是说不让你去爱孩子，而是不要因为爱而害了孩子。没有谁一定要无条件满足另一个人的需求，哪怕这个人是自己的子女。"习以为常"和"贪得无厌"这两个成语搭配在一起，最能形象地描绘出一个不孝子女的养成过程。父母把孩子列为家庭的最重心，对孩子娇惯或溺爱，孩子则会习惯于以自我为中心。这样的孩子不仅在学校中容易出现人际关系的问题，未来也会在工作岗位上也很难和其他人相处，因为他们的眼中没有他人，只有自己。别人给予自己的帮助都被认为是理所应当，所以在他们这里得不到任何回报，但同事可不是父母，一来二去知道了你的品行，自然不会再和你深交。所谓"在家靠父母，在外靠朋友"，没有了朋友的人，在外面的日子也不会好过。所以如果真的要爱孩子，那么父母就不应该纵容自己去纵容孩子，尤其是舍弃自己去成全孩子。

现在已经长大成人的我们之中，也不乏这样不知感恩的人，但这到底是谁的过失呢？因为父母的一味付出，从小处处照顾自己，对自己提的要求都尽力满足，所以长大之后父母也自然而然地应该照顾起自己的下一代，好像这是父母的责任，而不是自己的责任。而做子女的很多没有考虑到父母已经不再是当年年轻的时候，又带孩子又做饭，他们原本就在不断衰老的身体根本承受不了。有些子女是觉察到了，但工作赚的钱不足以雇人，所以没有办法，但有些子女则是觉察不到，认为带孩子是个轻松的活，或者父母给自己带孩子是天经地义，根本不会心疼父母每况愈下的身体。我曾经住过一个老旧小区，里面的居民基本是老人加孩子的组合，我经常听到两个老人这样的对话。

"怎么前些天没看见你带孩子出来晒太阳呢？"

"别提了，累得住院了！这不才出院又来带孩子来了。"

"哎呀！什么病啊？累了就跟孩子说回家歇一阵呗。"

"老毛病了，没事。说了也不让走啊，孩子没人带。"

"也是，我这一天带孩子累得腰酸背痛的，还得收拾屋子，他们两口子进屋就张罗吃饭……"

老人的无奈、子女的无感，在任何时代都存在，甚至还有更极端的例子。事实告诉我们：毫无限度地满足孩子的要求只会让孩子变本加厉，当牛做马根本无法培养感恩之心。

把抽象的"感恩"具象化

"感恩"比起其他品格来说更难培养，因为"感恩"对孩子来说是抽象的，本身就很理解，家长如果想用语言解释给孩子听，那么多半会用类似于"感谢"这样的字眼，但"感恩"和"感谢"其实完全不在一个层级上。感恩是对他人给予自己帮助的感激，包括物质的和精神的，是始终怀揣着一颗回报他人的心并寻求机会付诸行动。

千万不要对孩子说"你看我为了养活你这么辛苦地工作，累出一身病都不敢休息，你怎么一点都不知道感恩呢？"尤其不要对青春期的孩子这么说，因为这只会引起他们的反感，搞不好还会怼你一句"我又没让你生我"。言语上不恰当的表达不能让孩子领会什么是感恩，为什么要感恩，只会让孩子觉得你是在亲情绑架。比言语更高级的永远都是行为。

正如"雪中送炭"，只有来之不易的东西人们才会珍惜，而谁给了自己这样的东西我们自然就会对谁生起感恩之心。现在的孩子们之所以很难学会感恩，是因为他们大多生活舒适、衣食无忧，几乎被全家人捧在手心里长大，所有想要的东西几乎都唾手可得。既没有经历过寒冬中的"雪"，又怎能体会到别人送来"炭"时有多温暖呢？既然感受不到来之不易的温暖又怎能心生感恩呢？

现在已经很难找到一个环境能让城市里的孩子感受每天在他们的日常生活中存在的一切是多么来之不易了，所以我选择了带孩子去山里。汶川地震的第二年我加入了一个助力青少年康复的公益组织，孩子上小学的时候我曾连续两年带他去四川和当地的孩子们一起过暑假，他也成为当时最小的志愿者，跟着我们一起走山路去家访。小镇上的地震遗址虽然已经对外开放，但被保护得很好，当我们慢慢走近那些坍塌的建筑，依稀能看到楼体里隐藏着的粗壮钢筋被扭曲得变形，闭上眼睛仿佛仍能感受到当年的地震就在眼前重演，大自然的威力让人望而生畏。我看到墙角放着一束玫瑰花，显然是有人刚刚来过，那束鲜花静静地绽放在废墟之中的画面格外震撼，让人瞬间就湿了眼眶。我知道教育孩子"感恩生命"的时机到了，于是我指了指那束花，和9岁的他开始了简短的对话。

"你看那花多好看！可惜想送的人已经不在了。"

"去哪了？"

"应该就死在了这栋楼里了吧！谁也想不到地震来得那么突然，

两个人再也见不到对方了。"

"人遇到地震一点逃跑的希望都没有吗？"

"有，但当时很多人都没跑出来。"

"呃……我们能活着可太不容易了。"

有时候教育就简单到只需要只言片语的程度，我的孩子至今仍对生命充满着感恩，对自然充满了敬畏。因为他曾经亲眼见过那一栋栋倒塌的大楼陷进地缝，看到过一个个碑立在幼儿园、学校、工厂的门前，上面记录着有多少人因地震而丧生；他亲耳听过地震后的幸存者讲述当时的悲惨故事，也看到过他们乐观地从灾难中恢复过来重建家园的样子。这次进山不仅让他感受到了生命的渺小和脆弱，也让他感受到了意志的坚忍和顽强。而所有的这些不是你坐在家里的沙发上苦口婆心地教育孩子"要好好活着、珍爱生命"就能得到的，给他们讲大自然的残酷或世界的战乱，都不足以让孩子们真正领悟生命的来之不易、幸福的来之不易，唯有带他们走出去让孩子自己去感受。

亲历地震与悬崖峭壁间穿行

记得我们到汶川时，孩子跑出去和别的小朋友一起玩，我刚安顿好坐在床上就感觉房子在摇晃，直觉告诉我地震了，但我没有冲出房间。因为从盘山路上来的那一路景致，我已经完全明白为什么汶川地震会有那么多人丧生，救援车也迟迟进不来，这些建在半山腰的房子外面几乎就挨着悬崖，如果是大地震人根本跑不了，所以也活不成。那不是我第一次经历地震，我猜，或者说我赌那不是一场大地震，我就在那安静地坐了一会儿摇晃停止了。我出去找孩子，见到他时把他紧紧抱在怀里，显然他还不知道自己刚刚经历了人生中的第一次地震。

事后我们聊起那天的事，他总是感慨幸好是场小地震，自己还活着。对生命的感恩是最基础的感恩，但只有对生命的感恩还远远不够，对自己生活着的环境感恩，也是对家、对国的感恩，将来才有可能为家、为国做出贡献。

第二年的夏天，我们从遥远的北方坐了41个小时的火车，又等了5个小时的大巴，辗转来到了四川的一个小镇——南坝，我们的公益组织将在这里和山里的孩子们一起举办夏令营，南坝中学依山而建，石头楼梯很陡峭，爬上去需要花点力气，地震后河北援建的校舍外部看起来很新，让人觉得孩子们在这里学习和生活还是很幸福的。但是住进了宿舍才知道，里面除了上下铺的简陋铁床什么都没有。当晚下起了大暴雨，宿舍被灌水了，孩子们很淡定地擦地，跟我说这雨水不算大，最深的时候屋里的水都到脚踝了。他们的淡定突然让我觉得心酸，对我们的孩子来说不太可能吃到的苦却成为他们的"习以为常"。食堂的饭菜我们吃了一个星期都已经快不行了，但他们每天都在吃，而且除了早餐以外感觉每顿吃的都是一模一样的。宿舍没有洗澡的地方，孩子们只能自己打水在厕所里冲洗，那真的是厕所，而不能称之为"卫生间"，因为没有门。当时一壶热水两毛钱，有很多孩子还是舍不得的。

虽然我们在南坝只待了短短十几天，但却度过了一个不同寻常的夏天。生活中最实际的困难不论是大人还是孩子如果不亲身体验，任凭新闻爆出的画面多么逼真你也很难感同身受，何况表面看起来那里的生活并不艰苦。但当夏令营结束我们下了山进了城，第一时间再次享受到了热水澡，我们才对"酣畅淋漓"这个成语有了更深的体会。

志愿者的另一个使命是把参加夏令营的孩子安全送回家，一场没有"预谋"的教育正悄然发生，车行驶在盘山道上，一边是悬崖，一边是峭壁，道路狭窄到如果两车相遇，其中一辆就要在盘山道上倒车，给另一辆车让路之后自己再前行。有的孩子家住的地方到学校连大路都没有，只能靠摩托车或徒步，那些泥泞的山路在下雨后还要警惕泥石流。试想当孩子看到这些画面，或从学校跋山涉水地走到一个学生的家，再看见那家徒四壁的房子，和水泥墙上贴着的奖状，他的心中怎能不升腾起对自己优越生活的感恩之情？又怎能不立志帮助那些孩子和家庭改变现状走出困境？这时我们再有一些"推波助澜"的言语和行动，一个充满大爱的孩子就会显现在你眼前，而且这个孩子是你在教育和培养出来的，请想象一下自己的骄傲程度。

"感恩"的行为转化

同样是罗伯特·埃蒙斯博士的实验，发现情绪的成熟度与对感恩的理解度之间是紧密关联的。年龄比较小的孩子给帮助过自己的人写感谢信，会让对方感觉幸福快乐，但并不能让他们自己的幸福快乐感增加多少，这也是为什么有些小孩子想不起来说"谢谢"的原因之一。当你感觉自己的榜样已经做得足够好，但孩子还是始终没有任何感恩的行为表现时，就没有必要太过心急了，因为他们的心理年龄小到还没有产生"感恩"这种心理效应，随着他们心智的不断成熟，通过观察和学习，都能够慢慢理解什么是"感恩"、什么情况下应该"感恩"、如何做才是"感恩"。

没有看过这些"感恩"研究之前，我也不懂这个道理，以为是自己没有教育好孩子，一直到10岁他不仅想不起来对别人说"谢谢"，也很少表现出对别人的心疼。而现在的他不仅会在我写作的时候时不时给我倒杯水，还会在我熬夜工作的第二天清晨给我做早餐。这些生活的点滴让我明白，作为家长只要把该引导孩子的、该展现给孩子的那一部分做到淋漓尽致，并对孩子今生能选择我们做他们的父母而心怀感恩，剩下的都可以交给时间。

Part 03 学业篇

为何我的"四不"原则
反而让孩子出类拔萃?

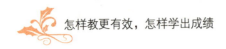

从不安排课外密集补习

作为一个学霸的妈妈，被问得最多的问题就是"你家孩子怎么学习那么好啊？都在外面上什么课呢？"而每当我诚实地回答"没上什么课"，还没等往下解释，通常就被一句"那你家孩子就是天生聪明"顶回来了，而接下来的对话则一定淹没在对他们家孩子学习习惯如何差、如何不让人省心的批判和抱怨里。呆立在一旁的我只能在心里默念："天生？怎么可能？明明是我生！"但却没有插话的机会，这里的"我生"不是指单纯地我生了他，而是指科学地培养了他，才给了他新生。

其实我写这本书正是因为这么多年来没有一位家长愿意认真听我把话讲完，更别说听取我给他们的教育建议并付诸实践了，话讲不完我终归憋得慌，那就写出来吧！毕竟我不是那种只希望自己的孩子出类拔萃，而把独门秘籍藏起来，生怕孩子被人碾压的狭隘之人，恰恰相反，我曾无数次试图说服别人尝试我的教育理念和方法，但得到反馈的99%都是"我们家孩子可不像你们家的那么听话"或者"我们家孩子跟你们家孩子可不一样"，他们更想把我家孩子的优异成绩归因于天生，或许只有这样才能让他们心安理得地觉得没有把自己的孩子培养好是孩子之间差异的问题，而不是他们自己的教育出了问题。

补信心胜过补功课

关于补习我还是有点发言权的，因为我可能是最早面临要不要给孩子补文化课的家长之一了。那年孩子刚4岁，从南方一所幼儿园转到北方，只上了一天课，班主任老师就找我谈话，我至今仍记得她担忧和焦虑的表情，仿佛是她自己的孩子。她说他们幼儿园的孩子都已经会10以内的加减法了，可我儿子连笔都拿不好，还纳闷我们从一线城市回来怎么反而教育这么落后，让我赶紧在家帮孩子把落下的知识点补上，不然孩子可能会因为跟不上大家的进度而导致厌学或自卑。我知道如果是别的家长一定急得像热锅上的蚂蚁，生怕自己耽误了孩子，天天放学都得给孩子恶补数字0到9怎么写，然后再掰手指头或者拿出苹果鸭梨教孩子为什么2+3=5、6-0=6，而当孩子实在不明白为什么6减0还等于6时，自己已经气得炸毛，并深深怀疑自己到底生了个什么孩子，为什么脑子就不开窍？于是在伴着怒吼的每次讲解中，在反复地批评孩子"榆木脑袋"的每个瞬间里，就真的成功造就了一个"榆木脑袋"的孩子。

这就是人们口中常说的最简单的条件反射原理，早在100多年前伟大的俄国生理学家巴甫洛夫就已经用狗的实验告诉过我们了，但我们却对前人25年的科研成果视而不见。心理学出身的我深深知道，当孩子的大脑把做数学题和你认为他笨的信息建立起联结后，他下次见到数学题时大脑第一反射出的不是答案，而是他笨。试想小小年纪就被自己的亲生父母训练成"榆木脑袋"的孩子是何等可怜？又怎么可能建立起学习的自信呢？除了可怜还有可怕，可怕的是条件反射还有一个令人讨厌的重要特征，那就是泛化，也就是说孩子很容易认为由于自己脑子不行，数学不好，其他学科的能力也不会好，甚至一看到老师要发试卷，就立刻调取了自己被咆哮脑子笨的画面，如果这样能考出好成绩那才真是出鬼了。最可怕的是我接触到的家长大部分都是这样对待自己孩子的，以至于我不敢再接触了，生怕自己毁了中国的未来。

以上是告诉大家遇到孩子学习成绩不理想或有不会的题时你最不应该怎么做，那么回到我儿子的实际水平远远落后于教学进度的事情上，我是怎么做的呢？其实特别简单，我没有帮他补任何一个知识点，比如3+3=6，我帮他补的是独自面对落后于人的困境时应有的耐心和信心，而从小到大他的大脑建立的条件反射一直是所有的知识、所有的试卷都很简单，以他的"聪明"程度一定很快就能学会并能考出好成绩。果然两个月以后老师又找到我，感谢我的配合，因为我的孩子不仅追上了所有的学习进度，还在班里名列前茅，他们希望把他作为培优对象，争取让他考进全市最有名的小学，可惜后来被他无情地拒绝了，理由是他要去北京读书，但事实上那是5年后才发生的事，足见他是个多么不听话的孩子。老师们也许永远不会知道也不会相信，他能从落后到先进，我除了加油鼓劲和静静等待之外其他什么也没做。

为什么我没有帮孩子补习他却能赶上同学的进度呢？因为我的

相信给了他足够的自信，而一次成功的逆袭对于孩子的大脑发育来说无疑又是最强有力的营养，这种营养滋养着他的大脑皮质，他记住了这次成功的操作过程和愉悦体验，当他再去做其他事情时他的大脑也会试图去寻找相同的体验，后来的结果也证明了这种积极的条件反射确实泛化到了其他学科和领域。他完全没有偏科，并且所有新学的知识和新领域的技能都能在较短的时间内比别人先掌握。科学研究早已证明了"失败不是成功之母""成功才是成功之母"，这个研究发现在教育界流传已久，颠覆了人们的认知。以至于有时候我忍不住会想，不一定是我的教育方式有多么正确，而是绝大部分人的教育方式实在是太错误了，所以才让我的孩子能够脱颖而出。

没有补习班支持的孩子更能抓住课堂

孩子升入小学后，我们家明确了一个原则，绝不把大把时间浪费在补习这件事上，我也会叮嘱他在学校把能学的知识都学会，学不会的回家也不要问，因为我也不会，于是小小的他永远是课堂上听得最认真的那个，因为他深知家里有一个连拼音都拼不对、十以内加减法都算不明白的"笨妈妈"。现在即将升入高中的儿子依然保持着在学校消化所有知识的好习惯，因为他知道我现在是真不懂，而不是装不懂了。

反观他的同学们，稍有几次考试没考好就会被家长劈头盖脸地批评一顿，不分青红皂白就给送进补习班，结果不仅让小孩信心受挫，觉得自己的智商不如同龄人，还让孩子有了依靠，反正课堂上没听到的部分补习班老师也会再讲，所以干吗上课还要认真听讲呢？不存在的。结果当家长被学校老师反映孩子不笨就是上课总溜号时，家长还要把这怪罪在孩子头上，分明就是家长把一个个孩子活活折磨成注意力不集中的啊！所以全学科密集的补习有什么好处我实在是看不到，倒像是家长为了给自己有个交代，"你看我都花钱给你找老师补习了，再学不好可是你自己的事了"。殊不知这是教育孩子最偷懒也最不负责任的做法，对孩子吼两句根本不费什么力，最多动动气，把孩子送进补习班最多耽误点来回接送的时间，自己根本不用动脑，你以为的为孩子"鞠躬尽瘁、死而后已"不过是"事不关己、高高挂起"。

我虽然看起来从来不管孩子的学习，但实际上在他某个学科不太好向我求助的时候我从未缺席，只不过不同于其他家长，我不是给孩子把他不会的题都讲一遍，或者帮孩子找个老师赶紧给他补习，我所做的是倾听他遇到的困难和不解，帮他分析他无法学好某些内容的深层原因，问题是出现在思维方式上还是出现在学习兴趣上，是出现在他身上还是出现在老师的教学方法上，这些探讨是十分有必要而且有效的，应该先于给孩子送进补习班之前做出这个决定。如果是主观原因，如无论怎样认真听讲并完成作业，怎样热爱这门学科都无法跟上大家的学习进度，那么确实应该考虑孩子是否需要更多来自老师的帮助；但如果是客观原因，如不喜欢教授这门学科的老师，导致不喜欢学习，所以成绩不佳的话，则应该考虑如何正确引导孩子，让他们把自己的学习和对他人的喜好分开。可是有多少家长愿意花时间跟孩子聊聊，倾听他们的心里话呢？又有多少家长愿意静下心来帮孩子分析并给出合理建议呢？虽然比较耗费脑细胞，但这个沟通过程必不可少，因为它既治标又治本，否则就是头疼医头、脚疼医脚，终究也不一定能帮到孩子。

不密集补习≠不补习

当然，我的孩子不是从来不补习，只是不密集补习。如我刚才所说，在深谈并客观分析之后，如果判断孩子能力不可及但他又想有所突破的时候，补习是必要的，但选择更重要。比如，他数学学得不错，学校老师建议他报名难度较高的华杯赛，但是他除了书本知识并没有学过奥数，必然不可能取得好成绩。怎么办呢？既然他想考出好成绩，想为学校争光，那我一定得助他一臂之力了。当年我跑遍了整座城市的奥数班，亲自考察每个补习班的教学方法、带队老师的实力、授课风格和获奖比例等一系列指标，把收集回来的所有数据罗列出来，对比结果，让孩子自己去选择：一是要不要参加；二是如果参加要选择哪个补习班。这种有针对性的竞赛补习绝对事半功倍，通过试听课他最终有了自己的选择，选了授课风格比较风趣幽默的老师，果然他在第一轮比赛中成功晋级。因为这是他自己的选择，所以他才会拼尽全力，哪怕每次要坐一个小时车，在拥挤的教室里待上两个小时。

不过孩子毕竟是孩子，到了第二轮备赛时，他选择不再去补习班，原因是几十个人挤在一间小教室里缺氧，要记的笔记太多他写着好累。是啊，毕竟他才四年级，而且我不会像教室里其他家长一样帮他抄笔记，知道没有后援团的他必须一直集中注意力听课，所以很累。我尊重了他的决定，结果就是他没能拿到一等奖，但他仍然坚信只要他想好好学，一定还是能拿到奖的。第二轮没有任何补习能拿到二等奖已经让他觉得非常骄傲了，因为毕竟那是他孤军奋战的结果。整个备考课程进行的时候，我把他送进教室就自己去吃炸鸡柳是常态。虽然他没有拿到一等奖，我也会有一点小遗憾，但这件事却增加了他对数学这门学科的信心，让他知道了原来数学题还能搞出这么多花样，我想这才是孩子最大的收获。

看到这里，有的家长可能会有一个疑问：孩子如果选择不参加补习班怎么办？其实你调研之后和孩子分享结果的那一步就是关键。你需要拿出销售一件超级难卖的产品才能第二天不被辞退的口才和信念，把孩子当成你的客户，把短期补习班这个产品的优势给孩子解释清楚，站在他的角度去想怎么说才能让他愿意为这个产品买单才行。事先可以练习话术，如果没有把握找其他孩子先练练手也是好的。一种课程的期限最好不要超过两个月，否则就变成了长期密集补习，而密集补习只会让孩子失去思考和消化知识的时间，甚至会影响孩子的人格发展，绝对不是上策。

现在我的儿子时常周末躺在客厅的地毯上望着天花板，感叹同学们都在补课，他却如此之清闲，而这种优越感给他带来了更大的信心，也带来了更多的思考空间。他会去想人为什么要学习、地球起源及活着的意义，他有更多的时间去看新奇的纪录片、搞他的发明创造，甚至钻研黄帝内经。每周我们家几乎都会刮一场令人难以招架的头脑风暴，涉及的知识面之广让我只能频频求助"度娘"。学科之间都有千丝万缕的联系，不是只有密集补课才有好的学习效果，也不是只有在课堂上的学习才叫学习。当一个孩子的思维得到锻炼，大脑充分发展，认知完整正确，好的学习成绩只是水到渠成的小事，因为他很清楚：人无时无刻不在学习，活到老，学到老。

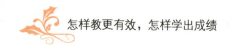

从不过问大小考试成绩

我上学时曾流行一句话："分、分、分，学生的命根"，没想到30年过去了，这种观点仍然存在。有些家长可能会认为问孩子考试成绩是出于对他的关心和负责，如果问问成绩孩子就产生心理问题，那孩子也太脆弱了。诚然，不是每一个频繁被问考试成绩的学生都会产生心理问题，但是伤害却是隐形存在的，比如失去学习动力、对学习产生逆反心理，甚至会涉及其他方面从而造成严重的心理问题。家长的错误做法其实是源于他们不够了解"超限效应"，超限效应是刺激过多或持续时间过久，令人产生的一种不耐烦或逆反的心理现象。

超限效应来自马克·吐温的一则有趣的故事：马克·吐温有一次听牧师演讲的时候，一开始觉得牧师讲得非常引人入胜，打算捐款；10分钟后，牧师滔滔不绝并没有讲完，他有点不耐烦了，决定少捐一些钱；又过了10分钟，牧师还是没有讲完，他已经决定不捐了。求知和探索本是人类的本能，但是当孩子们深陷超限效应之中，他们自然就会产生逆反心理，通过消极抵抗来表达不满。孩子会疑惑，家长到底关心的是他们，还是考试成绩？

将心比心，怎能过问？

如果你还是不能理解超限效应带来的恶果，无法理解孩子为什么不爱学习，那么你可以假想一下以下情景：你的爱人在你每天下班到家的时候都问你一句"今天赚了多少钱"或"今天有没有人跟你搭讪"，估计一周你都坚持不了就会爆发并质问对方"你到底是关心我还是关心我的钱""你到底是不信任我还是不信任你自己"。如果你被持续问了一年两年甚至更久，估计你反而不会爆发了，而是陷入对伴侣深深的绝望之中，你将感受不到家的温暖，想要逃离。闭上眼睛，静静体会一下那种感受，就是你的孩子的感受，对父母彻底的绝望和迫不及待想要逃离家的欲望。

受不了伴侣的追问至少可以在崩溃之前选择分手或离婚，可受不了家长的孩子就惨了，因为他们没得选，毕竟他们的身体里流着父母的血，想割断也不太可能，离家出走又没有生存能力，只好委曲求全，乖乖地告诉父母自己考了多少分，乖乖地听话。可惜大部分家长根本意识不到自己的做法在无形中伤害了他们的孩子，仿佛考试成绩就是他们衡量一个孩子是否是好孩子的唯一标准，考出好成绩就是孩子的天职。其实，如果说孩子真有什么跟学习有关的天职，那也一定是学习如何成长，最终找到他们来到这个糟糕透顶又其乐无穷的世界的意义。

正是基于这一点，作为家长的我从没有把学习成绩放在孩子成

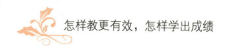

长过程中的第一位，自然也就不会去过问。更何况还有老师、班级群、家长会，甚至还有别的家长来告诉我，我的孩子考得怎么样，又何必再去多问孩子呢？而不问带来的益处是令人惊喜的。首先，任何考试他从不紧张，因为他知道考得不好我也不会批评他，所以他会更加专注于知识本身的学习，而只把考试当成对知识掌握程度的检验，至于成绩可以说只是个附加赠品，有赠品当然更好，没有也无所谓，毕竟真正想要的是正装，也就是知识本身。知识是无穷尽的，孩子始终能保持对它热情地探索，因为没有人会对他的探索结果做出负面评价，就更加激发了他对学习的热情。他的学习内容非常广泛，因为学校教的知识已经无法满足他对这个世界的好奇，他渴望知道得更多。比如，宇宙里的星星、双胞胎的基因、烤蛋糕的方法……这些和学校的课本知识一样，都是他学习的一部分。求知欲本来是人的本能，不必培养孩子们也有与生俱来的好奇心，按照他们自己的发展规律本就可以成长得很好，可是家长却非要去过度干预，好像不问问孩子考多少分、不为教育孩子出点力就对不起自己为人父母一回，殊不知结果多半是适得其反的，你觉得为孩子操碎了心，孩子却对你越来越不耐烦，甚至躲进网络里去寻找精神安慰。

你的"关心"和"付出"背后藏着不信任和自卑

为什么你的出发点明明是为孩子好却带来了两败俱伤的结果

呢？根本原因是你没有搞清楚好的意愿和好的结果是完全不同的两件事。我特意访谈了一些家长为什么每次一定要问孩子考试成绩的原因，最直接的原因主要有两个：一是想了解自己的孩子和其他孩子相比是否落后；二是想了解自己的孩子这次考试跟上次考试相比是否有进步。

　　家长能说出来或者说能意识到的原因是流于表面的原因，其实这种反复问孩子考试成绩的行为背后隐藏着更深层次的原因，也是很多家长不愿意面对的自己的问题。首先，你对孩子考试成绩的过多询问中或多或少都传递了你对孩子的不信任，怀疑孩子的学习能力能否跟得上学校的进度，不相信孩子能够通过自己的努力就在同龄人中成为佼佼者，一定要自己给孩子亲自把关才放心；也可能你就不是一个佼佼者，不想让孩子重蹈覆辙。你很担心因为你的一时疏忽耽误了孩子，却不知道你无意识中表达地对孩子的不信任才是让孩子怀疑自己能力的原因。

　　如果考试成绩不够好，你可能还经常用批评和指责的方式来表达你的愤怒和不满。你以为批评和否定是在表达你对孩子的关心和在意，是想激起孩子奋发图强的学习斗志，却不知道这样只会让孩子把你的批评内化为对自己的全盘否定，终生被困在自卑的牢笼里。如果你缺乏同理心，又不愿意设身处地地站在孩子的角度去体会他们的内心感受，你就无从了解孩子的内心在受到怎样的折磨，你所谓的任何方面的关心都只能成为孩子的负担。因为这些"关心"都

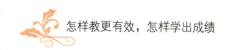

是从你的角度认为是对的或应给予孩子的，你甚至会以为自己很伟大，却从未认真想过你所做的到底孩子是否需要，你的"付出"起到的作用到底是正面激励还是负面刺激。

不执着于成绩才能执着于学习

为什么我们不试试放下自己的想法，用孩子需要的方式去对待他们呢？毕竟再小的孩子也是人，都需要建立在被尊重基础上的关爱，而不是以爱为名实则侵犯了自己疆界的关爱。因为我从不过问孩子的成绩，所以我家里也就不会有考试之后的"鸡飞狗跳"和"棒子炖肉"，我们只会在一片祥和中探讨不同领域的知识、分享彼此每天的经历和收获。即便是有时候考试成绩很糟，他也不必担心会被批评，所以反而能静下心来分析考试失利的原因，从而做出调整。孩子在放松和自由的状态下成长，心情自然是很愉悦的，这种愉悦的心情反过来又能对他的考试成绩提升起到正面积极的作用。反观那些动不动就因为孩子考试成绩不佳而批评甚至打骂孩子的家长，可想而知，那些可怜的孩子在面对考试时的心情是怎样的，恐怕除了紧张和担忧也别无其他了吧，那又怎么可能考出好成绩呢？即便能考出好成绩，他们也一定不明白学习的意义，只会把学习和家长对自己的态度挂钩，而忽略了知识的获取本来是件何等愉悦的事。

网上流传的一个段子是孩子举着标语大声喊"我爱学习，学习使我妈快乐",虽然听起来是句玩笑话,但玩笑之所以能流行起来正是因为它真实地反映了现在的孩子们对于学习的普遍心态。显然,这样的学习是没有持续驱动力的,这也是为什么很多孩子考上了大学之后就一下迷茫了,因为没有了家长们每天在耳边的"鞭策",也没有需要去取悦的对象,学习便一下子失去了意义。可怕的是在中国,家长们的普遍观念是如果孩子能考上大学,之后就不会再管他们的学习了,也就是家长们无形中把考上大学定义为孩子学习的终极目标,把考试成绩定义为达到目标的唯一途径,把自己的使命完成时间定义为孩子升入大学之时。殊不知很多孩子的学习是从大学以后才开始的,为什么这么说呢?因为只有脱离了满足家长愿望为目的的学习,孩子才能在精神上有自己的空间,只有不执着于考试成绩高低的学习才能让人真正有追求知识的动力。

学习不是指狭义的课本知识,学习更不是每次考试的一纸成绩,学习是具有广泛性、实用性、灵活性和持续性的,也就是说无论是在家里还是在学校、无论是在独处或是在社交,任何时间、任何地点,学习的内容都可以无处不在,并将持续一生。这才是家长应该给孩子传达的正确信息,而不是纠结于一两次考试成绩的高低。我们应该做到但却很少有人能做到的是以孩子的终极目标为导向,让孩子按照自己的节奏进行有意义的学习,在他们向我们寻求帮助时,我们再竭尽全力地去帮助他们离理想中的目标更近一步。如果你说我的孩子没什么目标和想法，那说明身为家长的你应该自我反思了。不是你压制了他们的想法、限制了他们的想象，就是你从未走进孩子的内心，完全不了解你的孩子。

如果孩子到18岁成年还没有确立自己的目标，不知道自己想要过什么样的生活那是非常可怕的。而且，在我们中国顶尖大学中也不乏这样的学生，不知道自己想要做什么，也不确定自己能做什么，对未来惶恐不安，深感迷茫。但是他们哪一个不是过五关斩六将考出高分成绩才进了大学的呢？注意，他们可不是以前我们常说的高分低能了，因为现在的家长都非常注重孩子的全面发展，能考入顶级大学的孩子能力通常不会差，但是如果他们在成长过程中一直有家长在耳边不停询问成绩，并经常控制不住情绪对他们恶语相向的话，那么他们考再高的分数，有再强的能力，也多半难以活成他们想要的样子。

考试跟孩子漫长的一生需要应对的各种纷繁复杂相比真的没你想象中的那么重要，你真正应该关注的不是孩子每次考试的成绩，而是孩子本身。当孩子考试成绩不够理想时，你该做的是多去引导他们，让他们发现自己身上优秀的一面，并与他们一起探讨这方面是如何变得如此优秀的，建议孩子"试试吧"这种方法用在某个薄弱学科的学习上，看看效果如何，说不定会有意外的惊喜。这相比把孩子吼一顿再把他丢进补课班，哪个对于提高他的学习成绩更有利是显而易见的。不信你合上书，想象一下两种方式带给孩子的不同的感受，相信你就知道自己该怎么做了。

　　成绩是一时的，学习是一世的。这是每个家长都应该教给孩子的道理，也是家长自己应该最先懂得的道理。

从不因成绩好坏奖惩孩子

惩罚

"再考不好以后放学别想出去玩！"

"考这么点分，还有脸打游戏？赶紧都给我卸载了！"

奖励

"如果有两科能考100分，就给你换个新手机！"

"这回期末考试如果考进前三名，放假带你出国玩一圈怎么样？"

想必当你看到这些话时并不陌生，或许有那么一两句也是你的口头禅。可是，不得不遗憾地告诉你，你说错话了也做错事了。你可能会疑惑"赏罚分明"何错之有？如果孩子考不好难道就不该受点惩罚吗？如果孩子付出很多考出了好成绩难道不该给点奖励吗？

是的，不应该。只可惜几乎100%的家长都在使用这种错误的方式去激励孩子学习而不自知。为什么这么说呢？因为所有基于学习成绩而对孩子进行的惩罚或奖励，从根本上说都是强权者制定的一套规则，是对孩子的一种操纵和控制行为，而且在不知不觉中把孩子本来的内在动因转化成了外界刺激，虽然短期之内通常是有效的，但长期来看只会让孩子忽略学习的真正目的，而把学习与惩罚或奖励建立起关联。

你在用老板惩罚你的方式惩罚孩子

如果没考好将意味着放学没得玩，那么为了玩所以得学习，显然这是不会让孩子对学习产生本身的兴趣的。学习只是变成了孩子为了达到"玩"的目的所采取的一种委曲求全的手段，但实际上只要选对了方式，明明学习本身也是能体会到玩的乐趣的。惩罚只会让孩子痛恨学习，因为学习的存在让自己被批评或是被限制了自由，因为学习的存在让原本一直对自己还不错的父母变得不再喜欢自己。

"记不住你抄10遍还记不住吗？10遍记不住抄50遍！"

听！这是不是你对成绩不佳或马虎的孩子惯用的表达？这种惩罚最终带来的是什么？在你说出这句话的瞬间肯定意识不到，那么我们用可能发生在你工作中的事件为例给你点启发。假如你的老板让你做一个PPT，而你的PPT技能一般，通过学习你总算有了一些心得按时交差了。但是从老板的表情来判断，你做的东西在他眼里是一坨屎，接着他对你说："不会做PPT是吗？不会你去学啊！做一遍不行做十遍还不行吗？"于是他让你做了十遍。想象一下当你在做这十遍PPT的时候你有可能对PPT产生的是热爱之情还是厌恶之意？你认为你的老板是为了督促你进步还是为了发泄他的不满？你对老板的说辞是会悦纳还是会愤怒？相信你已经有答案了。而你对孩子学习成绩不理想的惩罚，和你的老板对待你的方式如出一辙。

老板是工作中的强权者，对你的惩罚不但不能激励你，反而会增加你对工作的畏难情绪和厌恶情绪，也会让你更讨厌你的老板，不愿意和他沟通。你是孩子生活中的强权者，你对孩子的惩罚同样不能激励孩子，只会增加孩子对学习及对你的厌恶情绪。只是孩子比你更惨，你可以选择离开老板，孩子却没法选择离开你。

那么，当面对孩子总是考不出好成绩时家长该怎么办才有效呢？回忆一下你把PPT拿给老板时你最想要得到的是什么反馈就知道了。你知道你虽然学习了可你还是只能交一份不够好的作业，你可能可以做得更好，但你也不确定接下来该怎么做。如果这时老板能平心静气地看完你的PPT，并逐页帮你分析你做得不够好的原因，并给出专业的建议，想象一下你会对PPT、对老板产生怎样的情绪。这正如孩子拿回了一张分数不太高的试卷，孩子也不是完全没有学习，只是出于某些原因他没能学好，未成年的他也不知道如何是好，毕竟没有人想要一直落后于他人，他渴望得到的也是你能平心静气地帮他分析原因，给他一些建议，仅此而已就能激发他对学习的热情，对你的信赖和喜欢。

但结果往往是可悲的，因为你的老板几乎不太可能那样对你，而你也几乎不太可能那样对你的孩子。可你会觉得老板对你的惩罚是有效的吗？显然不会，而且你一定觉得他有病。但是你却在用同样无效的方式对待你的孩子，而你作为孩子的"老板"，你也会认为考试成绩不好、学习缺乏动力、孩子不喜欢跟你沟通几乎都是孩子自己的问题，有没有觉得有点可笑？

奖励是击垮孩子的"糖衣炮弹"

再说奖励，在赏识教育已经被普遍认可的今天可能很少会有人去思考奖励有什么不妥。实际上用"糖衣炮弹"来形容奖励真是再合适不过了，它的威力甚至比惩罚还要大，因为它一开始是甜的，而且能把家长都给迷惑了，以为自己是对孩子好。

你想到要获取更有效的激发孩子学习的手段，你查阅资料、购买书籍甚至寻求专业人士的指导，你找到了一个看似完美的方法，因为所有人都这么说：家长要学会跟孩子谈条件，如果孩子能连续专注学习半个小时，就可以奖励他看电视或玩游戏5分钟，这样他一天就能保证有好几个小时在专心学习。不过，慢慢你会发现，孩子也学会和你谈条件了，今天考个一百分要求多玩半个小时游戏，明天考全班第一要求给换个手机，再之后就是直接要人民币作为奖金要求自由支配了。

这种关联一旦建立起来后果是非常可怕的，因为只有变本加厉的刺激才能维持比较持久的效果。如一开始奖励的只是一个孩子心仪的玩具或不太贵重的东西，一段时间后你可能会发现孩子的动力不那么足了，于是你意识到你需要更新奖励的手段了。当你实在想不出还有什么可以买给孩子的时候，你就干脆选择给孩子点钱，让他自己买他喜欢的东西，可你却没有意识到你的孩子对学习的认知已经在你的"奖励"下悄然发生了扭曲。孩子要买的东西越来越贵，而且大部分并不是因为有多么有用，而只是为了满足他贪图享乐的心，甚至有时候只是为了虚荣攀比。不过，当你看到孩子确实还在努力学习，哪怕是为了得到那些与学习无关的东西，你仍觉得这种奖励方式还算奏效，也就自我安慰式的不再去深究了。

最终的结果是什么呢？有的孩子在小升初繁重的压力下开始出现厌学情绪，有的孩子比较幸运，这种情况在初中每天刷题的阶段才会出现，还有为数不少的孩子在升入了大学之后才开始突然失去了学习的动力，因为当家长们给孩子买了手机、买了电脑，把他们送进大学校门之后，家长们便不会经常性地在身边给予他们奖励了，而已经成年的他们也不会再要一些比较幼稚的奖励。但当"奖励"作为一种稳定的条件刺激突然间消失之后，孩子们最容易出现的状况就是上课不会再那么认真听讲，考试只为了及格不挂科，上课睡觉、玩手机以弥补曾经在学习上"浪费"的大好时光。如果你教育的目的只是为了把孩子培养进大学，那么也算是达到目的了，可以忽略后面这段文字。

奖励的深层次弊端

我们都知道外因是条件，内因才是事物变化发展的根本原因。可实际生活中又有多少家长能意识到所有的奖励都是外因，孩子自身的求知欲和内驱力才是内因呢？我们还是从家长们比较容易理解的企业管理方向的例子来说，因为公司对员工工作绩效与奖励机制之间的研究由来已久，其透彻程度已经远超家长对孩子的学习成绩与奖励之间的研究。

金钱奖励和员工绩效并不成正比，甚至起到负面作用。例如，年终奖不管按照多么合理的标准来发放，也总会让人觉得不合理，也有人一拿到年终奖就愤然辞职。而有些福利公司一旦提供给员工就很难再撤销，因为一撤销就会引起员工极大的不满情绪，消极怠工。家长对孩子的奖励也是一样，无论多少孩子都不会觉得够，而且一旦以物质的形式来奖励孩子，就很难再撤销，因为孩子和员工一样，已经习惯了奖励的存在，没有奖励也容易"罢学"。除了这个显而易见的负面作用，奖励还有更深层次的弊端：

A.物质和金钱的奖励容易使员工只关注短期利益，对公司长期发展不利。

B.不当的物质奖励或金钱刺激可能会改变员工的道德观念，使他们对是非对错的判断能力出现问题。

C.过度的奖励可能导致员工的作弊行为，为拿到奖金不择手段的达成目的。

相对应地，我们也能看到奖励孩子学习成绩的弊端：

A.使孩子只关注即将到来的考试，对自我长期发展不利。

B.不当的奖励或金钱刺激可能会让孩子树立错误的道德观念、人生观、价值观，如将物质奖励作为是否付出某种行为的判断标准，而且这种标准将一直延续到他们成人以后，他们不会为别人无条件地付出，当然也包括最亲密的人，因为他们从小被培养的行为模式就是付出一定要得到回报。所以未来他们可能会在人际关系中受挫，在工作中受到打击，因为毕竟很多时候我们都需要不计回报的付出，甚至献出自己的生命，有时为了家人，有时为了工作，还有时是为了社会。

C.过度的奖励可能会导致你的孩子在考试时的作弊行为，毕竟为了得到自己心心念念的东西冒点险是值得的。当他们尝到一次甜头之后，必然会有第二次、第三次，而你可能被蒙在鼓里。可怕的是这种行为倾向如果没有被及时发现和纠正，也是具有可延续性的，也就是说舞弊的习惯会一直被孩子带进大学，甚至工作和生活中，如习惯性说谎欺骗家人、欺骗领导其实就是为了达到某种目的而采取的一种舞弊手段之一。如果孩子未来做了跟钱打交道比较多的工作那可能根本无法把持自己，如果你想让孩子成为金钱的奴隶，倒是可以从小就用丰厚的物质来奖励他优异的学习成绩。

冷静客观地想一想，如果你在同一家公司工作已经超过5年，并且愿意继续长期服务于这家公司，你到底更多的是因为薪资水平高、福利待遇好，还是因为这家公司的理念符合你的价值观，工作能给你带来成就感？如果你觉得自己为了生活所迫只能以物质条件为第一优先选择，那么也可以问问你周围那些在同一家公司工作很多年或者工作业绩突出的朋友，听听他们是被金钱驱动，还是被价值观驱动，是被他人驱动还是被自己驱动。对于孩子来说也是同样的道理，那些真正的学霸没有一个不是自我驱动型的，他们能体会到的是学习本身带来的成就感和好奇心被知识填充后的自我满足感。而被外因所驱动的学生通常能保持旺盛学习精力的时间不会很长，因为他们必须基于马上要到来的"奖励"才有学习的劲头。

　　注意！我不提倡因为学习成绩而奖励孩子，不代表不给孩子认可，因为父母发自内心的认可远胜过给孩子任何物质奖励，对他的一生都有很大的帮助。但是这个认可一定不能只是基于孩子的考试成绩，而是基于孩子本身，孩子比我们想象中要敏感许多，你对他们到底是哪种认可，一句话一个眼神他们都感受得到，有时候骗得了你自己，却骗不了他们。

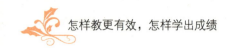

从不辅导课后疑难作业

"不写作业母慈子孝，一写作业鸡飞狗跳"，我一直以为这只是一个段子，但直到写这本书收集素材的时候我才意识到这的确是大多数有学龄儿童及青少年家庭的真实写照。而且，辅导作业正持续困扰着每个家庭，俨然已经成为破坏亲子关系、影响夫妻感情的罪魁祸首。

上海一名妈妈在家辅导作业时与孩子起冲突，竟然选择了跳河自杀。被消防员救起的时候她还在说："不要救我，我真的太累了"。

江苏一对夫妻因为辅导孩子作业意见不合大打出手，仅仅一道数学题就毁了一个家。

虽然这是个匪夷所思的小概率事件，但很多家长深表理解，并自曝辅导作业时经常吼到青筋暴起，累到口吐白沫。疏肝理气丸和速效救心丸一跃成为家中必备药品，而因为孩子作业问题上演的夫妻吵架更是年度常红的家庭大戏。

惊讶之余我也在思考，到底是什么使家长们如此疯狂？作业本来是留给孩子的，为什么家长要过度参与其中？很多家长把作业问题归结于学校老师，归结于中国的教育体制，但事实真的是这样吗？

　　从来不辅导孩子作业的我在研究这些问题的时候花费了大量的时间，短短千字文用了一个星期才写完。辅导的本义是辅助和引导，而现在家长们的"辅导"早已偏离了本来的轨道，而变成了主导，但大多数家长仍然不自知，以为自己是在帮助孩子。给孩子讲解题方法，或者干脆包办代替某些看似与学习无关的作业都成为家长"辅导"孩子的一部分。当你感觉自己为了孩子牺牲了所有的时间，精力全部都放在他们身上的时候，那你扮演的一定不是一个辅助者的角色，而是主导者，这也是为什么有的家长禁不住感叹自己把小学初中的课又重读了一遍的原因。你之所以会觉得累，是因为你在学习这场戏里扮演的是主角，而且是被迫成为主角，所以当你的孩子演不好配角的时候，你才会暴跳如雷，毕竟你付出了那么多，你还是希望票房高一点的。你可能会认为是中国的教育体制，是学校的老师把你"潜规则"成了辅导作业的主角，其实不然，你对未来的焦虑才是幕后真正的主宰者，你对孩子能力的怀疑才是终极大BOSS。

作业是留给孩子的还是留给家长的？

　　无疑，学校的初衷是作业留给孩子的，但为什么有了班级群这个东西之后家长会认为是留给自己的呢？因为家长看到了，不放心孩子完成的情况，或认为没有自己的帮助孩子一定没有能力完成。诚然，竞争日趋激烈的现代社会，哪个父母也不想让自己的孩子输在起跑线上，成为班级里的落后分子。但是起跑线在哪？幼儿园、小学成绩不够好，初高中成绩就一定不好吗？如果是别人家的孩子你的回答多半是"不一定"，但面对自己的孩子你却使用了双重标准，认为一定要从小成绩好，长大才能成绩好。于是孩子每一次作业你都要监督完成的质量，每一次考试你都迫不及待地要知道分数，生怕自己的一个小疏忽就让孩子落后于人。

静下心来想想，一次作业的完成情况对孩子的未来影响能有多大？一定没有你每天搬个小板凳坐在孩子身旁、看着他写作业给他带来的压迫感对他的影响更大，也没有你不时指着他不会做的题对他厉声咆哮带来的影响更大。试想你工作的时候老板一直坐在你的旁边，双眼紧盯你的电脑屏幕，时不时还指出你的错误，你能写得下去报告吗？即便领导是好心为了你的工作表现更出色，将来提拔你成为高管，你会领他的情吗？答案如此显而易见，你却把同样的方式用在了自己孩子身上，如果能有好的效果那你的孩子可真是神童。

我的孩子不是神童，所以我也不敢坐在他身边陪他写作业，更不敢贸然指出他作业中的问题。毕竟作业是孩子对已学知识的复习，是在学校学习效果的检验，更是对自己知识盲点的发现，我生怕的是我的参与会打乱了他本来的学习节奏，影响了他对知识的吸收和探索。很多人误以为我的孩子英语好是因为我的英语好，能帮他辅导，其实我是日语专业的，但我都没有教过他日语，更别说英语了。我们在家里从来不会用英语对话，虽然我知道这对提升他的英语水平来说绝对有非常大的帮助。如果在他小时候我就坚持和他用英语及日语对话，那么他现在一定能流利地说三种语言，但是我没有那么做。

我想让他知道他完全可以凭借自己的努力应对学校的一切，而不是靠妈妈的帮助，这不仅可以让他变得自信，更可以锻炼他全方位的能力。比如，不会的题他要想办法去问，这就锻炼了与老师和同学之间的沟通能力，而他从一开始不好意思问到最后勇于开口，需要克服羞怯心理，这又是一个巨大的飞跃。如果最后他有幸掌握了某种类型题的解法，那么他一定会非常有成就感，并且愿意举一反三地去验证自己刚学会的本领，于是就形成了一个良性循环，锻炼了问题解决能力。漫漫人生路，孩子终归要独自面对更多比作业更难的题目，作为家长的我们不可能一直在他身边教他如何去解决。那为什么不从小就放手，让孩子独自去面对呢？

如何面对孩子的求助？

当然，孩子难免有向我求助的时候，我是怎么做的呢？通常我会先区分作业属于哪种类型，孩子不会的内容分为两种：一种是学校老师讲过，但孩子没有理解透彻；另一种是学校老师完全没有讲过该怎么做，但却留了作业。针对第一种情况，也是比较普遍的情况，我通常不会直接给孩子讲解题方法，更不会直接给出答案。我会首先让孩子给我讲一遍老师针对这个知识点在学校是怎么讲的，如果他不能讲明白，说明他没有很好地理解这个知识点，或者根本没有认真听，所以作业自然做不出来。这时候又可以根据实际情况有两个对应选择，一是孩子如果确实能力有限，那么就放下这道做不出来的题，让他第二天上学去请教老师，让老师知道自己的问题所在，因为其他同学也可能有这样的疑问，勇敢地讲出来也能帮助大家；二是孩子如果上课根本没有认真听来向我求助，那就更容易处理了，只要请他如实地告诉我为什么没有认真听，再帮他去想解决办法就好。孩子一定有孩子的理由，注意要耐心地询问，而不是愤怒地质问。

这里想提醒家长一句，我在给一些孩子做咨询时，他们开始一般会说不知道为什么上课无法集中注意力，但通过深入沟通，才发现不仅有原因，原因还是多种多样的。有的是不喜欢某个老师，所以也不喜欢听这位老师的课；有的是太喜欢某个老师，导致上课浮想联翩；有的是因为父母关系不好，孩子上课时脑海里经常回放着父母吵架的画面，根本无心听课但又没法跟父母说。每一个理由的背后都需要一个细心而且有同理心的家长的探索，否则你将永远被孩子挡在门外。

第二种情况是如果孩子能够很清楚地给我讲明白他在学校学了什么，但仍然不会做作业的时候，可能说明他虽然已经理解了这个知识点,但还没有融会贯通,这时就需要培养他的反向逆推能力了。以数学题为例,孩子通常知道已知时间和速度,可以求出距离,但当他遇到无法在题中直接找到时间和速度具体数值的时候,孩子可能一下算不出答案,但他们至少可以知道答案需要的条件,那么画出一个反向思维的推导图就可以帮助他们梳理题目的线索。例如,对时间的形容在题目中可能是小车从早上6点出发一直开到9点15分,对速度的形容可能是大车比小车每小时慢50千米,但却没有给出小车的速度,而只能通过大车的速度进行推导,但是大车的速度也绕了个弯子,这样的题目对于小学生来说初看起来还是有点摸不着头脑的,但是当你教会他们用反向推导的方式画出下面的图,则会发现这其实和直接给出时间和速度来求两地之间距离的题目并没有区别,会让他们豁然开朗。而如果没有画出来只是在头脑中思考各种解题条件,对于还没有形成抽象思维的孩子来说是非常困难的。

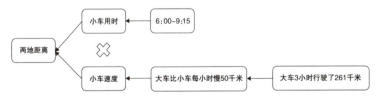

反向逆推这种方式同样适用于作文的写作,如果想在考试中得高分,不要让孩子先去学习作文的结构和写作技巧,而应先站在老师的角度或者阅卷人的角度去思考他们更想看到什么样的文章。结构化的文章一看就经过专业训练,虽然不会出错,但也不会出彩。

而高分的文章一定来自孩子发自内心的创作或与众不同观点的表达，即便没有什么"五段式""总—分—总"的清晰结构，那种文字间透出的热情和个性也能让老师在千篇一律的试卷中忽然感觉眼前一亮。

对于学校从来没有讲过但却要求孩子完成的作业，也就是传说中家长们认为是老师留给家长的作业，我又是如何处理的呢？比如，小学低年级阶段的PPT制作及演讲，相信是让很多家长提起就头疼的作业，因为孩子确实没有学，所以基本上都是家长披挂上阵，从孩子PPT呈现的效果甚至能看出其家长是在国企还是外企工作，是基层还是高管。

还记得孩子在小学一年级时回家说老师让用PPT做一页教师节海报，问我什么叫PPT，我虽然对这个作业感到有些意外，但我却没有心软地替他完成。我打开电脑把他叫到身边坐下，开始给他介绍Office，并带他去试用每个功能，我做了一个我心目中的教师节海报，随即果断删掉，告诉他该他出场了，那时已经晚上10点多了，他的眼神中划过一阵失落，但还是开始了伏案创作，一直到后半夜才完成。最终，他的海报名落孙山，一切都在意料之中，但他却告诉我他是班里唯一一个自己做PPT交作业的孩子，这次眼神透出的是骄傲。自此，学校交给的PPT、演讲稿、剧本排版等都是由他自己独立完成的，虽然打字速度奇慢，为了完成作业还要熬夜，但他从来没有奢望过我来替他完成，我也自然而然地成为最轻松的家长。

我由衷地认为作业是孩子自己的事，会与不会、做与不做，与我无关。他需要我时，我义不容辞，但绝不会成为他依赖的理由。

　　反观90%以上的家长，当孩子遇到不会的问题，你就立刻给他讲解题方法，只会让他想"我不会的问题爸爸妈妈总是能一下做出来，我下次还是要请他们帮忙"，或者"为什么爸爸妈妈那么聪明什么题都会，而我这么笨"，不管是养成惰性思维，还是变得不自信，对孩子的成长都不是好事。我们应该回归"辅导"的本质，做好辅助和引导的角色，让孩子自主去探索那些未能掌握的知识和本领。

Part 04 方法篇

四大王道学习法打造硬核学霸

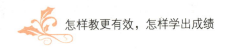

自发式学习

自主学习能力培养是第一王道

√ 放学后主动写作业

√ 合理安排课后时间

√ 考试前会自主复习

√ 不用家长督促学习

以上这些恐怕是每位家长都梦寐以求却求之不得的事。如果我说孩子本来就是愿意主动学习的，可是却因为你的不合理教育方式让他们丧失了这种意愿你肯定不愿意接受吧？但作为成年人我们都知道，让人很难接受的通常都是事实。

用枯燥的方式考孩子只会让他误以为学习很枯燥

回想一下，当孩子能从一堆卡片中挑出他认识的那个字时，他是不是很兴奋？在幼儿园他能比其他小朋友先学会一种本领时，他是不是也很兴奋？人们天生就有学习的欲望，并且通过学习去认识世界、丰富自我。

再回想一下你是从什么时候开始考孩子英文单词的拼写和数学的口算题的？如果这些事发生在幼儿园阶段，那么你的孩子上小学时可能就需要你花费很多精力督促他学习了，因为你的做法曾让他误以为学习就是这样一件枯燥而无聊的事，他早已丧失了继续探索下去的兴趣。如果他还曾因为回答不出你的问题而受到过责备，那么他就将更加讨厌学习，因为是"学习"才让他从一个被父母宠爱的孩子变成了一个天天被数落的孩子。

　　学校的教育迫于升学率的要求已经给孩子准备了足够丰富的"枯燥"知识，只有少数幸运的孩子能遇到一位真正懂教育的老师，让他们既能学到知识又不觉得枯燥。所以这就对家长提出了更高的要求，你不能再像学校老师那样去教育和要求孩子，而一定要在家里为孩子提供学校教育得不到的东西。提升他们的学习兴趣，而不是打压他们的学习热情才能让孩子产生自主学习的动力。

　　我从未考过孩子数学题，更没有因为他数学考试做错了题而责备过他，我甚至不会翻阅他的考卷，除非他拿给我看。所以，至今他仍然对数学保持着极大的热情，并且想要继续去探索数学这个深渊。

他参加的数学竞赛每次都能拿奖，很多人问我他在哪学的，其实在其他孩子都在学奥数的时候他还不知道什么是奥数，时至今日，我也从未见他刷过题，但当他为一次次数学比赛做准备的时候，很多奥数知识就自然而然摆在他面前了，他也自然而然就跟着老师学习了，只不过比别的同学晚几年才知道某些知识点而已，对比赛成绩的影响并不是很大。有意思的是，当他知道了这些新奇的知识点以后仍然会像小时候一样兴奋地跟我分享，我就知道他的自主学习动力还没有消失，而我也因为学到了新知识而表现得很兴奋，更加提升了他不断学习新知识来跟我分享的动力，从而形成了良性循环。

看到这里可能会有家长感叹：我已经把孩子的学习主动性打消没了，现在该怎么办？我想至少有三招可以帮到你和孩子。

妙招一：和孩子复盘对学习的认知变化

如果你感觉已经把全部的精力都用在了孩子身上，但他却仍然要靠你每天督促才能学习，那么你们需要一次甚至多次对过往学习的复盘。注意这里的复盘不是对孩子学习好坏的总结，更不是对某套考试题的查缺补漏，而是通过用心倾听和沟通，了解孩子从什么时候开始变得不爱学习，并了解其背后的原因。一定要听孩子如何说，而不要凭你主观臆断。

提问同样要有技巧，否则复盘可能没有任何效果。下面这个表格给出的是一些有效沟通和无效沟通的例子，供家长参考。

不要这样说	应该这样说
我感觉你最近半年都不怎么爱学习了，是吧？	你能回忆一下大概从什么时候开始变得不那么爱学习了吗？
你为什么不爱学习了？	能告诉我发生了哪些事让你变得不爱学习了吗？
大家不都这么学嘛，怎么就你受不了了？	我知道你不想像其他同学一样每天没完没了地学习，是吗？

　　不要问孩子"你为什么不爱学习了"的原因是这个问题本身就是很抽象的，需要经过思考才有可能总结出答案。孩子突然这样被问，他一时间可能想不到什么特别的原因，会回答"我也不知道"，而且会感到很委屈。但当你问他"发生了哪些事"让他不爱学习了就变成了一个具象化的问题，在孩子的大脑里反映出来的就是某个或某些事件，这样他不需要经过再加工，只需要把想到的事件讲述出来就可以，相对容易。这种提问方式也会让孩子觉得自己没有被责备，是因为发生了一些事导致自己不爱学习了，而不完全是自己的责任。

　　经过这样有效的深度对话后，你需要做的是拿出笔认真记录孩子的话，你的姿态在某种程度上也会影响"复盘"的效果。要让孩子觉得你很重视与他的沟通，也很重视他的感受。你更要表明这次"复盘"的来意：你不是来指责他，认为他一无是处，必须按照你说的做才行得通；而是来帮助他找原因，和他一起商量解决的办法，

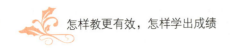

让他变成更好的自己。

妙招二：为孩子创造能问"为什么"的机会

我们都知道孩子在小时候经常喜欢问大人"为什么"，甚至会把大人问到烦，他们也不会不知趣地走开。

"为什么球是圆的，方块就是方的？"

"为什么小狗和小猫不能结婚？"

总之，他们就像脑子里装着问不完的问题，总要追着一个人要到答案才行。而正是通过提问，孩子才学习到了很多原来不懂的东西。只有当所见所闻都让孩子觉得新奇的时候，他们才渴望知道背后的原因。这其实反映了我们的学习动机来自想知道"为什么"，所以为孩子提供能够多问"为什么"的机会自然会促进他们自主学习。

带孩子去大自然中，而不是闷在家里，户外能接触到花草树木、昆虫、小动物，你们可以一起"寻宝"、一起研究不同物种之间的差异，用显微镜观察细胞，这样就制造了很多"为什么"，把这些"为什么"找到答案，就是学习。如果你的孩子还小，那么坚持几年以后生物课还没开始学孩子就已经会了一大半。如果你的孩子已经开始读初中，这样做同样可以激发他的学习热情，毕竟书本上的知识是没有温度的文字而已，根本无法激发孩子学习的欲望。

你还可以带孩子去文化名城走一走，逛一逛只有在当地才能体验到的特色区域，看谁发现的新奇事物多，探讨为什么会存在这么多新奇的东西，为什么只在这个城市火起来，背后的社会原因和历史原因究竟是什么，当你们展开这样的讨论时自然会涉及历史的、政治的、地理的等多种因素，这些和学科知识都是密不可分的，也会让孩子更愿意去查阅资料、翻阅教科书去寻找答案。你们走得多了、聊得多了，孩子自然也就记住得多了。书本上的文字即便没有温度，却可以因为你们的探寻而变得活灵活现。

制造问"为什么"的机会，我们还可以跟世界名校的面试官学一学。他们通常一定会出一道孩子不会的题，进而引发孩子的思考，考察的就是这个孩子是否具备会提问的能力，能提出好问题代表一个人在积极思考，只有会思考的孩子才有可能学得更好。如果你的孩子已经长大，可以回忆一下是否有一段时间他经常问这问那，而那之后他在各个方面都突飞猛进地成长起来了。如果你在孩子求知欲最强的时候对他的问题不理不睬，甚至嫌他话多还要责备他，那么在进入学校学习之后他没有学习动力就是再正常不过的事了。教育方式得当与否的因果关系不仅存在，而且产生的影响通常在当时看不出来，而是几年甚至十几年以后才会在孩子身上体现出来。

我们作为家长一定要对孩子小时候提出的"为什么"给予积极回应，不要打消他们的学习积极性，这样他们就会始终保持对学习的热情，主动进行学习。也只有主动学习，大脑才更容易记住想要学习的东西，让孩子的知识储备量快速提升。

妙招三：比孩子学得还凶

这一招是我从孩子第一次厌学之后开始尝试的，不得不说真是让自己吃尽苦头。对于一个中年人来说，重新拿起书本、参加考试并不是一件容易的事，印象最深的是背书背到一张嘴就要吐出文字来。考研、普通话水平测试、大学英语四六级等都是我在35岁以后才开始做的事，并且这种言传身教的方式我近五年一直在坚持，效果令人惊喜。即便我没有什么目的，仍然坚持每天学习英语15分钟，当孩子看到我人到中年仍然在努力，仍然有自己的奋斗目标时，他也会开始思考他的学习生涯应该如何度过。一个人选择浑浑噩噩还是选择勇往直前，跟他周围接触的人有绝对的关联，而家长就是孩子每天最直接接触的人，我们对孩子的影响可以说几乎是他的全部。

你大可不必像我一样学得如此疯狂，但你至少也可以让自己在某一方面有所长进。要知道这不是仅仅为了你自己，也是让孩子看到你对学习的态度以及学习可以给你带来的成长。你总会有些自己年轻时未能达成的目标，或留下的遗憾，你完全可以在今生就把这些目标达成，把遗憾弥补。尤其是在你对孩子束手无策的时候，不如先做好自己，让孩子看到你积极奋进的一面，这样的教育胜过千百次的苦口婆心。

共通式学习

教会孩子适用全学科的学习方法

不知道是不是由于短板理论的影响，家长们都比较执着于如何提升孩子弱势学科的水平。针对某一学科进行"头疼医头、脚疼医脚"式的主攻补习，只要家长和孩子都足够努力，短期内确实可以呈现一定效果。当然，只有一门学科是弱项还好，如果有三四门学科成绩都不太理想的话，可想而知这个家每天一定忙得焦头烂额。

那么，有没有一种适用于所有学科一劳永逸的方法呢？

我想我的孩子正在用的方法或许可以给大家一些启发，我们暂时称它为"共通式学习法"。不管是文科类还是理科类，甚至是一种技能的掌握，它都适用。简单来说，共通式学习是通过树状图对知识进行梳理加工，再通过角色反转让孩子成为老师，最后通过将"所学"变为"所用"，真正让知识内化为孩子自己的一部分。注意这里每一步都是由孩子来完成的，而不是通过家长的"指导"和"逼迫"，否则把知识内化的人将不是孩子而是家长。

你是否对孩子的学习进行了过度参与，从一点就可以判断出来，那就是对于你和孩子都是新知识、新技能的情况下，你却比孩子掌握得更好。因为孩子才是学生，而不是你。我们经常能看到一些家长吐槽孩子不够聪明，不够努力，和孩子一起学乐器，自己都考出八级了，孩子还是不开窍。不得不说这种类型的家长如果不改变自己的观念，很难教孩子运用好"共通式学习法"。以第一步树状图为例，还没等孩子梳理好一个知识点，家长自己就先把图画出来了，如果看孩子半天没有进展，可能还会忍不住跟孩子分享一下自己的成果。这种自以为给孩子起到模范带头作用的做法其实是剥夺了孩子独立思考的过程，让掌握某一知识的环节中缺少了一个极其重要且基础的部分，那就是对知识的理解。如果只有对知识的获取，而没有理解，那么应用的时候必然漏洞百出，而且很难形成举一反三的能力。

树状知识图谱

当我们拿到一本书时，很多人都有先看目录的习惯，因为目录可以体现一本书的精髓。那么对于教科书来讲，其实也是同样的道理，目录就相当于一棵树的树干，通过研究目录可以最直观地获取所学知识的概况。可惜家长却很少会让孩子仔细阅读目录，并做提炼和整理，所以大部分孩子的习惯是匆匆翻看几眼目录就赶紧进入第一章的学习了。这样的学习是分散的点式学习，最后在脑海里呈现的也是一个个零星的知识点，很难形成不同知识点之间的互联，也就是那张我一直强调的"知识的网"。

那我们该怎么做的呢？在开始一册新教材的学习时，我的孩子会花大量的时间在目录上，并按照自己的喜好程度，每一章的难易程度给目录进行分类标记。由于他一直喜欢自学，他通常会把感兴趣的章节排在优先学习的位置，因为感兴趣所以学习起来不会觉得那么枯燥，速度也会比预想得要快。九年级数学下册他只花了一个下午就全看完了，这又提升了他继续独立学习的信心。但实际上前期他在这本书上花费的时间并不少，他不仅反复翻看目录，还把其中的知识与以往学习过的目录做对比，最终他发现了两个秘密：一是九年级下册所讲的内容几乎没有什么新知识，而是对以往知识的总结和复习；二是整个九年义务教育阶段的数学教材其实只讲了十几个主要内容，每本书都是针对这些内容的循序渐进式讲解，只是被分在了不同的年级。比如，几乎每个年级的数学书都有一章讲的是数据统计和分析，但是有难易程度的差异而已。所以有了这些了解之后，树状图做出来就会让知识体系显得更加清晰。而当知识可以清晰有条理地呈现在眼前时，你会发现9年时间其实不过只需要学习几个大的知识点，就像大树最粗的几个树枝，那么心里一下就会放松许多。

记住，一定不要一开始就力求完美，试图让孩子把所有细小的知识点全都像思维导图一样画出来，因为那只会让孩子产生畏难情绪，并且不容易抓住重点。试想一下如果你的领导给了你一本你一直很想读的畅销书，但他要求你把里面的精华全都挑出来并且绘成一张有逻辑关系的图，其间不是催促你就是指导你，你还愿不愿意读这本书？你会不会产生这样一种心理活动：老子读书是因为本来就想读这本书，你非来指手画脚的，搞得我现在一个字都不想看了！正如很多领导不知道怎么调动员工的工作积极性，总是出一堆馊主意还以为自己很英明一样，很多家长最擅长的就是把孩子的兴趣变成困难的任务，从而让孩子失去兴趣。

学习新知识本来是非常有趣的，好奇也是孩子的本能。一本新书，连抚摸起纸张都能给人带来愉悦感，再翻开里面的内容，如果有自己感兴趣的那一定会陷进去不想出来。任何一本新书的预习，千万不要先想着如何让孩子掌握知识点，并在考试中发挥出来，更不要总站在指导者的位置上，显得自己比孩子聪明多少，那样只会打击孩子的自尊心和自信心，适得其反。毕竟最终需要掌握知识和技能的人是孩子，而不是你。如果你实在控制不住想要评判孩子画的树状图，那么你可以尝试先把自己放在和孩子同等的认知水平上，再和孩子一起讨论如何画出一幅最精练的树状图。如果能放下家长的姿态和孩子一起享受探索知识的过程，那将是一件极其美妙的事！

让孩子成为老师

当我们通过探索而获取了知识之后，就进入了需要对知识进行消化和理解的阶段。很多家长对"理解"的理解是存在偏差的，不是孩子听懂了你讲的一道题，又做对了一道题就叫理解，更不是他会默写一个单词、背诵一篇课文就叫理解。真正的理解发生在孩子能准确地把某个知识点给另一个人讲出来，并能让这个人听懂的时候，于是就有了"共通式学习法"的第二步：让孩子成为老师！要知道每一位优秀教师首先自己的业务水平要达标，还要有良好的表达能力，否则学生根本听不懂、学不会。除了按部就班地备课，真正让教师快速成长起来的是解答学生提出的各种有挑战性的问题，因为教师不仅需要反思为什么没有讲一遍就让学生听懂，还需要思考究竟用什么样的语言和方法能更通俗易懂地向学生传授这个知识点。当教师能够彻底给学生解惑时，他对某个知识的理解能力和授课能力一定又上了一个新台阶。

在孩子的学习过程中，他们通常处在被动接受知识、被动理解知识的一方，而真正能帮助孩子加深对知识的理解的恰恰是他们转化为主动传授知识一方的时候。他们的成长和真正的教师一样，同样来自在"授课"过程中遇到的来自学生的挑战，当变成老师角色的孩子绞尽脑汁解决了他学生的某个问题，那么他对这个问题的理解一定又深入了一层。同时，他的语言组织和表达能力也得到了锻炼。

在我和孩子的不断实践中发现，让孩子能真正成为"优秀教师"的关键在于为孩子找到合适的学生。记得当他自学小学六年级教材时，我并不知道他理解的程度如何，但是我很想知道，于是我让他讲给我听。他在给我讲语文书的时候，其实讲得并不精彩，但我却提不出什么问题，因为语文不是我的弱项，他一讲我就知道了，根本想不到有什么值得一问的，所以草草结束了讲解。但当他讲到数学书的时候，他发现自己真的遇到了一位脑回路清奇的学生，他开始怀疑我是怎么小学毕业的，又问我当年是不是能把数学老师气死，但因为他的角色是老师，所以不管我的问题如何低级或者刁钻，他必须保持对我的耐心，并不断调整自己的教学方法，以求让我能够理解并少提一些常人不会提出的问题。印象最深的是他换了三种不同的方法给我讲解"为什么圆的面积约等于平行四边形的面积"，最后用上了教具，撕了一地锥形纸片总算让我这个笨学生理解了，而那一刻我也知道我的孩子已经彻底理解这一章的知识点，不论考试出题多么变幻莫测他也一定能解出来，因为他看到了问题的本质。

从这个实例我们不难得出一个结论，那就是如果你是个各科都超级优秀的家长，那么你可能不是一个合适的学生，因为你不能帮助你的老师成长。你可以为孩子找一个弟弟、妹妹，甚至不太擅长某一学科的哥哥、姐姐，或者鼓励他多给同学讲解他们不知道的知识，天文、历史、物理、化学等不设限制，因为只有通过这些"学生"给到孩子的真实反馈，孩子才有持续改进自己"教学方法"的可能，也只有通过这种反复调整、不断实践，才能加深对这些知识的掌握和理解，真正做到融会贯通。

变"学习"为"应用"

当孩子真正理解了某些知识之后，下一步就是把来源于生活的知识再次应用到生活中去了。很多孩子对于学习的困惑就是"我学了这么多，完全看不出有什么用"，所以一定要经常带着孩子把"所学"变为"所用"，让他们看到学习的价值。比如，家里的钟表坏了，不要急着自己就把它修好了，可以和孩子一起把它拆了，看看它的内部构造，还有什么可以用的零件；是否可以请孩子为家里重新设计并制作一个全新的挂钟，不仅可以作为家中特别定制的装饰品，还兼具实用性，万一做得太有美感也可以考虑市场化。那么在这个设计和制作的过程中，孩子就会发现数学、物理甚至美术都是很有用的学科，自然而然知道每天坐在教室里学习的知识不是完全没有实际意义的，而是可以创造生活的，还有什么比用自己的头脑和双手创造出新物件更有趣的事吗？

其实生活中有太多可以用到课本知识的地方了，只是题海战术硬生生地将"学习"和"应用"两个本来一体的事物分割开来了，那么家长就应该充当一个整合的角色，让孩子们对学习有个清楚的认知，并尽可能多地提供"学以致用"的机会。如果你有一家小店，可以请孩子帮忙做预算，或者计算利润率；如果家里正好想买一个茶几，可以和孩子一起研究一下怎么才能做出来，选择什么材料既经济实惠又结实耐用，如何设计才能既美观又承重；如果这些对你来说都很难操作，那么可以从生活中最常见的事情入手，比如对于正在学习化学的孩子来说，让他研究一下"锅底黑"到底是什么物质，用什么东西能轻松去掉"锅底黑"而无须使用钢丝球，可以让他选三种他认为可能有效的东西拿家里的锅做实验，看看哪种最好用，以后就被定为家中的"去黑神器"。这样的应用式学习通常会激起孩子不断研发新产品的热情，拦都拦不住，去除瓷砖上的污渍，浴室玻璃上的水垢，都将成为他的课题。当他尝试解决这些问题却发现知识储备不足时，他自然会想着去查资料去学习，把难点突破了才能继续投入研发。这种学完即用的方法比整天对着书本和练习册推导一堆化学公式可有意思得多！

"共通式学习法"是一个有利于孩子终身发展的长期工程，家长不但要有耐心，更要有全盘观念，如果急功近利，那么很容易变成"豆腐渣工程"。当孩子一旦掌握了这种学习方法，任何学科的学习对他来说都将是小菜一碟。当然，孩子在培养自己的这项技能时，也会遇到很多难以解决的问题，甚至是性格中不可逾越的鸿沟，这时家长唯一要做的就是给孩子鼓励和信心，做他还不够强大的精神世界的支持者。只有当你坚定地认为他行，孩子才会减少对自己的怀疑。没有谁生来就强大无比，强者都是在不断克服自己的弱小之后才变得无坚不摧。学习如此，生活更是如此。

体验式学习

家中建起实验室，孩子也能从量变到质变

【会议一】

会议室里坐满了人，针对同一个会议议题，领导轮番上台讲话。

【会议二】

会议室里的人分组而坐，领导只围观不发言，每组针对会议议题进行自由讨论。

你更倾向于选择哪个会议？哪个会议又能让你在一个月后仍对会议内容有印象？

如果你是一个思维比较懒惰的人，那么你多半会选择会议一，虽然散会后你可能对会议内容毫无印象，因为你只是一个听众，而不算是一个真正的参与者，所以你的思绪不一定飘去了哪里；如果你不喜欢以领导为主导，而希望发挥自己的主观能动性，即便你可能需要费脑筋去思考会议议题该如何解决，那么你多半会选择会议二。因为你知道自己能解决问题才是真正的能力，听别人的永远都当不了排头兵。

其实，这和孩子选择如何学习别无二致。如果选择了"会议一"即是选择了说教式学习，如果选择了"会议二"则是选择了体验式

学习。但遗憾的是孩子们通常没有自主选择的权利，而是被迫选择了"会议一"的模式。这并不代表孩子天生懒惰，相反孩子天生是爱思考的，所以才喜欢问为什么，可是家长却通过"说教式学习"亲手把孩子培养成了思维懒惰的人，让他们丧失了成为学霸的机会。

诺贝尔奖获得者如何学习

仅占全球人口0.3%的犹太人在获得诺贝尔奖的总人数中占据了高达20%的席位。大家熟知的影响世界的大人物爱因斯坦、马克思都是犹太人，著名画家毕加索，商界奇才巴菲特也是犹太人，他们是如何成为各个领域中的佼佼者的呢？其实和犹太人对孩子的教育方法密不可分。

以课堂为例，他们的课堂就是"会议二"的模式，以学生自主讨论为主，老师仅作为辅助角色，一是抛出问题，二是把控讨论节奏，启发孩子思考。我们国家虽然很少有这样的学校设置反转式教学课程，但是家长完全可以通过在家里的教育弥补这个不足。当书本知识比较乏味时，家长不该和孩子一起抱怨，更不该把孩子送进更加乏味的补习班，而应该让孩子亲身体验与书本知识相关的情境来促进他们对知识的理解和吸收，提升他们对知识的探索兴趣。

犹太家庭始终处于学习氛围中，他们有一个传统叫作海沃塔，就是两个人通过辩论的方式来探求一个知识的究竟，父母从孩子小时候就开始有意识地通过提问、讨论来启发他们的思维，而不是直接给他们讲解某个知识。孩子的主动参与和投入是体验式学习的一个重要特征，根据他们想要探究的问题的不同，除了运用思维以外，他们可能还会用到身体、感觉和动作等，这样的学习方式让他们调动全身的细胞去记忆和领悟，知识自然掌握得快，而且也更容易融会贯通。说教式学习中学习者可能经常不知道自己在学什么，或者精神出现片刻恍惚，也就是家长说的孩子总爱"溜号"，而体验式学习则不同，学习者全程都对自己在学习什么保持着高度觉察，即便他看起来默不作声的时候大脑也在高速运转，他们很清楚自己想要探究出经得起验证的结果，而不是听别人说了什么就全盘接纳，相反他们会努力找出对方表达中的漏洞来进行辩驳。两者在学习深度和学习效果上的差异显而易见，而且会随着时间的推移让两种不同学习方式的学习者之间差距越拉越大。

我一直力求让我的孩子在体验式学习的氛围中长大，所以在其他家长开始把孩子送进"说教式学习"的补习班时，我固执地用自己的方式教育着他。即便是他考不好某个科目面临的结果可能会改变他的命运，我也没放弃让他在接触一个新的知识领域时最初的自我探究。

体验式学习的由来

20世纪最伟大的教育改革家之一约翰·杜威先生最早创办了体验式学习实验基地，他提出"教育即生活、学校即社会"的理念，并影响了中国一大批教育家和知名学者，陶行知、胡适、蒋梦麟等都曾是他的学生。杜威先生也曾在1919年来中国讲学长达两年之久，他的教育理念强调尊重个人发展，通过实验获得知识及对外界事物的理解。20世纪80年代美国社会心理学家大卫·库伯在总结了约翰·杜威、皮亚杰等人经验学习模式的基础上，提出了自己的经验学习圈理论。我将它称为体验式学习闭环，由四个学习阶段构成，包括具体经验，观察与反思，抽象概念化及主动实践。

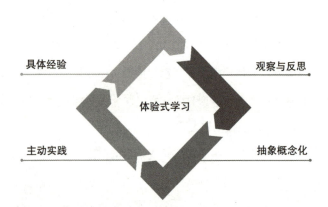

具体经验是让孩子获得的一种完全投入的直接体验；观察与反思是让孩子以观察者的角度，融汇以往的知识，对新旧知识的联系进行思考；抽象概念化是孩子将观察到的事物进行思考加工后，把它们提取为符合逻辑的概念存储在大脑里；而主动实践阶段，则需要孩子去验证他们提取的那些概念正确与否，并将这些策略运用于解决实际问题。

从实验中认识理化学科

了解了这些，我们就知道该如何做物理、化学、生物这类学科的启蒙了，在孩子小学以前是完全可以接触一些简单科学实验的，这对他们读初中以后理解这些学科知识能起到铺垫作用。中国的家长在孩子小时候普遍对科学这门学科不太重视，而到了中学阶段又突然变得很重视，生怕孩子理解不了那些抽象的概念，初一就把孩子送进初二才需要学的物理班，到了初二又把孩子送进初三才需要学的化学班。那些晦涩难懂的理论让孩子听得云里雾里，但是却要硬着头皮把知识学到手，所以他们很多时候都是凭记忆去答题，而不是靠理解。

没有实操过的实验单凭记忆很容易记错结论，或者与其他实验记混，要凭空想象两种物质结合会发生什么反应真的是个技术活，更何况高考之前孩子们要记住的物质多达上百种，全凭记忆力和想象力能把化学反应方程式写正确实属不易。我就没有这种能力，所以高中时候果断选择了文科班。我也很担心我的孩子没有这种能力，所以早在他三岁时就开始上跟科学实验相关的课程，虽然都是一些小孩子玩的初级实验，但仍然激发起他很大的兴趣。小学阶段他利用周末的一个下午时间上国外小学的科学课程，并且经常动手实操，所以到了初中阶段物理、生物对他来说已经不再陌生，但唯独化学，他能理解的部分还比较有限，原因就在于国家对化学物品的使用和存放有严格的管理规定，他在外面几乎没有接触过化学类实验。导致到了他该学化学的年级，他却一点儿也提不起兴趣。我给他买了化学的中文版教材，他简单翻看之后也没有太大热情继续读下去。怎么办呢？眼看就要进入学习任务繁重的高中阶段，很多同年级的孩子已经把九年级的物理化学学完了，而他还保持着"书不多看一页，题不多做一道"的传统，身为家长的我难免也会有点着急。于是我心生一计，既然无法一开始就完成抽象的习题，那就像小时候一样从最形象的活动入手吧。

厨房改建科学实验室

我花了两个月的时间做他的思想工作，毕竟青春期的孩子并非三言两语就能打动。我动员他和我一起建一个科学实验室，抛开无趣的习题，只做我们感兴趣的实验，可以囊括物理、化学、生物等学科知识，让大脑通过真实而具象的实验体验去记忆那些看起来复杂的知识点。

最终打动他的是他发现我真的和他一样对化学几乎一无所知，做他的搭档也不至于让他倍感压力。于是我们的实验室紧锣密鼓地开始采购了，所有的采购工作都交给了孩子，他按照教材里出现的实验用具与网上比价、下单、付款，当他历时一个月宣布采购完毕，我们终于要做第一个实验时，竟然发现还是缺器材。我没有怒火中烧，反而很替他高兴，因为整个采购过程已经让他认识了几乎所有的化学实验器材，那么这个过程就是有价值的，它的使命已经完成，何必非要尽善尽美呢？有很多实验器材我都叫不出名字，还向孩子挨个请教了一遍，于是被他深深地怀疑我到底有没有读过中学。

事实上，我初中时的化学应试能力凭借强大的记忆还算勉强过关，但到了高中就只有不到10分的成绩了，因为我什么都不会，每次只好把选择题都选上C，然后写上名字就交卷了。所以对于化学这门学科，我确实是秉承着好奇心想和孩子一起来探究实验结果，以弥补自己科学知识的匮乏。我在物理、化学这些科学知识方面的匮乏恰好促进了孩子在这些方面的提升，否则在实验操作时很可能有危险出现，甚至把家点着了，毕竟我们的实验室就建在厨房水槽旁边的台面上。我不懂实验室管理规定，他就要自己先学会，然后再"教导"我，免得我这个不守规则的搭档把实验搞砸，再伤到自己。有一次我没戴护目镜，近距离观察正在剧烈反应的实验，结果试管炸裂，差点伤到眼睛。儿子担心我为科学献身，他就没有妈妈了，于是开始恶补各种化学知识，重新拿起那些曾经觉得枯燥的教材、上网查资料、蹭免费网课，然后跟我约法三章：必须穿实验服、戴护目镜、戴口罩，否则不允许进入实验室；取消我接触实验材料的资格；所有实验均由他亲自操作。我只负责录制及剪辑视频，实验原理由他告诉我。于是，在我制造了一系列"惨案"之后，就这样妥妥地成了他的实验小助手，而他在物理、化学方面的惊人进步也让我这个小助手深感欣慰。

我什么知识都没有教过他，因为我真的是才疏学浅，生怕教错了再耽误了孩子。但我知道学习本就是快乐的事情，人们既然能通过考试把它变得无趣，也应该能通过实验把它变得有趣。直接去学习抽象的概念不符合体验式学习的闭环模式，没有具体经验、也就没有观察和反思的过程，所以对于知识点容易记不牢或难理解。家长如果能勤快一点，带孩子多动手操作书上的每一个实验，那么里面蕴含的知识点想让他考试时做错都很难。可惜懒惰的家长总归还是多一点，所以学霸才会成为少数派。

量变的过程带来质变的结果

孩子的学习就像做实验一样，量变积累到一定程度自然会引起质变。这里的"量"不是指做题量，而是指孩子在体验式学习中全然投入的"量"。当孩子用眼睛看、鼻子闻、手去触摸的时候，他能真切了解一个物体的存在及它的形态，他能够在试卷上准确地写出对物体的描述正是基于他的亲身体验，他很清楚自己是如何学到的这些知识。而这个过程对孩子而言非常有意义，就像我们知道自己为何而工作，怎么才能把工作做好一样，孩子可以逐渐将当下的学习与过去的经验及未来的预期建立起联结。那些用亲身经验学会的技能将伴随孩子一生且很难被遗忘。这些"量"的积累虽然耗时，且短期很难看到效果，但却是一劳永逸的学习，能够体验到乐趣的学习。

当孩子成为实验的设计者、操作者、观察者及总结者，自然而然会激发他的独立思考能力和解决问题的能力，当实验如预期般成功，他将发现原来学中有乐；当实验失败，他也将开动脑筋思考问题所在。就在这一次次成功或失败的累积中，孩子对学习的态度也一定会发生变化，他将不再像以前一样是学习的"奴隶"，而将成为学习的"主人"。他将不再单纯依靠一个有趣的老师给自己上一堂有趣的课才有能力去学习，因为他自己已经有能力为自己的学习制造乐趣。

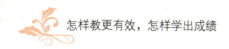

进阶式学习

比赛不要为了参与，要为了赢

家长们可能经常收到学校发的各种比赛通知：一年一度的某英语演讲比赛报名即将开始，随之介绍该比赛的权威性，最后鼓励学生积极参与，报名费50元，自愿报名。由于报名费真的不贵，有些初赛甚至完全免费，所以家长们本着让孩子参与一下的心态基本都会给孩子报名试一试，认为不一定非要取得名次，看看题型增加一下见识也是好的。我也曾经有过这种"重在参与"的心态，但在我带着孩子参加过很多次不同类型的比赛后，我发现恰恰是这个"重在参与"的心态，耽误了很多孩子的进步。原本可以出类拔萃的他们，却因为仅仅抱着参与一下的随意心态对比赛完全不重视，最终错失了提升自我、突破自我、激发潜能的最佳机会。

认清比赛的本质和作用

比赛是人与人之间本领和技能的比较，说得残酷一点，也是人与人之间的能力和质量的排序。无论对于成年人还是孩子，其实比赛无处不在，优胜劣汰无处不在。对于成年人而言，找工作是比赛，工作后的晋升也是比赛，甚至争夺男女朋友、结婚对象也需要各显身手进行比赛。对于现在的孩子而言，比我们更早的开始经历各种比赛：进幼儿园要通过面试，小升初要拼尽全力、否则就进不了好的中学，基本也导致了进不了好的高中，考上好大学的希望也就更渺茫。虽然说考上好大学并不该成为培养孩子的终极目标，但不可否认中国几乎所有家长都还是热切期望自己的孩子能考上一所好大学的。

　　既然这样，我们就要全面地去认识和对待每一次比赛。比赛不同于学校里的一般考试，它不仅仅是学生阶段性学习成果的检验，而是包含更多综合的知识运用、甚至是孩子们没有接触过的超前知识。如果是演讲类或表演类的比赛则涵盖了更多软技能的考核，如现场表现力、应变能力、审美能力等，这些都是对孩子未来发展至关重要的能力。以最容易被忽略的审美能力来说，如果孩子没有一个良好的仪容仪表，那么自身形象在招生官或者面试官面前也会大打折扣，这与长相的美丑无关，得体的自我修饰和打扮足以说明一个人的审美情趣和品位。在竞争越来越激烈的现代社会，这是一个极为重要的软实力，没有哪所学校或单位想要招进一个邋遢无比的学生或人才。只靠高分数就能敲开世界名校的大门，只靠高学历就能轻而易举地进入知名企业的时代已经过去，综合而全面的考核时代已经来临。而孩子们在学龄阶段进行的大大小小的比赛正好成为锻炼综合能力的平台。

　　另外，所有的比赛都需要克服一个共同的难点，那就是紧张心理，这和那些几乎可以左右孩子命运的大考是完全相通的。很多孩子明明平时学习成绩优异，但一到重要考试一定发挥失常，就是因为从小没有培养好面对大考时的稳定心态。所以平时一次又一次的比赛提供的训练机会就显得至关重要了，因为通过比赛可以让孩子们从胆小怯懦变得自信从容。而这个前提是要认真对待每一次比赛的赛前准备，珍视每一次比赛机会，只有在比赛中的持续进步和成功体验才会帮助他们大幅提升专业技能和自信心，这就是著名的"胜利者效应"。

胜利者效应的科学验证及应用迁移

亚洲首位获得凯默里脑研究国际奖的浙江大学教授胡海岚用科学实验颠覆了人们长久以来的错误认知，为"胜利者效应"提供了神经生物学依据。小老鼠们用自己的胜负经历再次为人类做出了贡献，验证了"失败不是成功之母，成功才是成功之母"！

了解实验的过程有助于大家理解我为什么说"比赛不要为了参与，要为了赢"，也能给那些总认为自己的孩子不够聪明的父母一些启示，学渣也一样能逆势，甚至战胜那些曾经遥遥领先于自己的学霸。

小老鼠的世界里有等级高低之分，把两只小老鼠分别从两头放进一个密闭而狭长的管子里，两只小老鼠会本能地展开一场竞争，实力占优的一只小老鼠会用推挤的方式逼退另一只小老鼠。经过几轮两两较量后，一只实力最弱的小老鼠"脱颖而出"，它弱到遇到任何小老鼠都只有主动向后退或被推出去的份儿，我们暂且叫它"小弱"。一天一道激光瞬间袭向小弱，那是胡教授在使用激光遗传手段刺激小弱的大脑前额叶皮层细胞，没想到奇迹发生了，小弱在玻璃管道中变得异常勇猛，之前把自己推挤出去的小老鼠一个个都成了它的手下败将，小弱变成了"小强"。在研究员的帮助下，小弱第一次尝到了胜利的滋味，但是随着研究员撤销那道激光，小弱又回到了原来的弱势地位。

　　研究到这里并没有结束，而是刚刚开始。研究员发现每当小弱开始与其他小老鼠竞争之前，给它的大脑照进一束激光，它就能所向披靡，如此反复6次之后，他们停止了对小弱的帮助，毕竟总是操控比赛也是不光彩的。没想到第7场比赛时令人意想不到的事情发生了，小弱竟然凭借一己之力战胜了曾经实力排名第一的小老鼠。研究员并没有给小弱增加食物，或者做什么增肌运动，也就是说它的体格在每次比赛前后并没有什么差异，但是同一个小弱却战胜了原本不可战胜的同伴。这究竟是为什么？胡教授的解释就是：从丘脑到前额叶皮层有一个神经通路，每一次成功经历都会使这一通路的突触连接增强，而当成功了6次以后，小弱的大脑就会发生质变，这些神经突触连接的增强已经几近稳固，从而可以继续让小弱维持它的优势地位。这就是说成功经历会影响小老鼠们在后续竞争中的表现，也正巧验证了心理学中的"胜利者效应"。这个神经通路是普遍存在于低等哺乳动物到高等哺乳动物的大脑中的，当然也包括人类，这是多么令人惊喜的科研成果！

它意味着只要我们在某一件事上付出努力，与这件事相关的神经突触连接就会不断增强，不管我们曾经处在多么劣势的位置，自己认为自己多么无能，或者被别人认为多么无能，我们都有机会成功逆袭！而且只要我们能够在同一类事中获得6次成功经历，那么我们的大脑将发生质的变化，从今以后在这类事上失败的概率将大大降低。

胡教授的科研团队为了验证"胜利者效应"是否具有迁移性，又让这几只小老鼠进行了一次热源争夺战。在一个冰冷的方形盒子中，只有一个角落有一块温暖地带，于是小老鼠们争相抢夺这一温暖地带。结果发现，在之前的钻管实验中反复获得胜利的小老鼠，在热源争夺战中也更容易获胜。这是科学史上首次证明"胜利者效应"可以从一种行为范式迁移到其他类似行为中，即"强者恒强"。

2017年，当我看到胡教授团队一系列的研究结果时异常兴奋，因为以前我没办法为我的教育方法找到一个科学论据，我也没办法解释我的孩子为什么在一次比赛中获奖之后，他参加其他比赛也更容易获奖。我可以感觉到那不是单纯的自信心增强，但我却不知道其实是他的大脑一直在我看不到的地方通过一次次成功体验发生着持续而长久的变化。

印象最深也是他改变最大的第一个重要比赛是CCTV希望之星英语风采大赛，这个比赛需要经历六轮角逐才能拿到全国总决赛的参赛资格。孩子当时读小学三年级，从他会说话开始他的声音就一直像蚊子在耳边飞，所以参加这个比赛的初衷真的只是为了让他锻炼一下胆量和嗓门，当时还特意给他报了一个考前突击班。我还记得第一节课，很多孩子就能大大方方地站在前面侃侃而谈了，一看就是平时训练有素、有备而来，还有好几个学生是从国外回来的，那英语流利得让我自愧不如，那动作表情更是像极了专业演员。终于轮到我儿子上场了，我感觉大家都屏住了呼吸，不是出于尊重，而是因为如果喘气真的就听不清他在说什么，好在他只说了几句话就停了，不然可能会有一些家长憋出毛病。

当他结束了路人甲一般的自我介绍，老师问他"你家长没来吗？"坐在最后一排的我不得不举起了手，当时就感觉在场的所有学生和家长都投来了惊讶的目光，我隐约读出了其中两个含义：一是这水平还来参加演讲比赛呢？还参加英语的？二是这孩子家长到底长什么样？怎么想的呢？当时我真是第一次体会到了为什么有的父母不愿意参加家长会。老师一开始没有发现我，是因为那时的他已经很独立了，没有像其他孩子一样和自己的家长坐在一起，他是自己听课自己记笔记，让我坐在最后面干自己的事就好，而我突然被老师这么一寻找，更感觉心里翻江倒海，脸上火辣辣地疼。但就是这样一个开局，他最后竟然出乎所有人的意料，拿到东北赛区一等奖，一路挺进了全国总决赛。

奇迹是怎么发生的？到现在我仍然觉得像一个不可思议的梦。仔细回忆每个可能帮助他获胜的原因，我发现其中有一点最为重要，那就是我对比赛的态度在中途发生了转变，从为了参与到为了赢。

听起来好像很功利，但后来证明这对孩子来说却是终身受益的。他第一次体会到什么叫全力以赴，又第一次通过全力以赴实现了自我超越，完成了谁都以为他不可能完成的任务。自信好像一下子在这个小男孩的体内被激发出来，听说他在冲刺决赛现场发挥得非常好，虽然还是不苟言笑，但他的演讲已经形成了自己的风格，内容也很有新意，对评委的问题对答如流，引来家长们阵阵掌声。

只有我知道，他的风格来自每天的反复练习，包括每一个眼神和动作，如何配合每一句台词；他的新意来自我和他无数次思想碰撞，为每一次晋级推翻又重来的修改稿子；对评委的问题对答如流来自我对评委可能提到的问题的预判，早早帮他想好答案，他也早已烂熟于心。这些秘密获奖者的家长们绝不会告诉别人，谁都想自己的孩子赢得看起来毫不费力，更生怕分享了这些秘密自己的孩子就被超越了。而我想说的是，我的孩子靠的不是天生聪慧，相反他在演讲这件事上天生愚钝，我们真的付出了远超别人的精力和投入，才有了最后看起来顺理成章的成绩。我们甚至在准备省赛的时候跟班主任老师请了一周的假专心在家备战，除了参加集训班之外，还请外教单独给他上过两次课，当时的目的就是为了在省赛中赢得名次，哪怕是最低等级的奖，孩子的努力也没有白白付出。

漫长的六轮比赛历经了4个多月，而正是这四个多月的冲刺和强化，让孩子的英语口语水平飞速提升，从不敢开口说话到自信满满地演讲。如果仅仅抱着试一试而不是必胜的心态，无论孩子还是家长根本坚持不住这么多轮的痛苦煎熬，随处可见家长们帮孩子精心准备的服装和道具，孩子进赛场前家长手里还拿着演讲稿，做最后的把关，走到门口还不忘嘱咐比赛注意事项。虽然不是家长的每一次付出都能让孩子站上领奖台，但家长没有任何支持和参与，仅靠孩子自己的实力根本不可能赢得比赛。小学阶段的任何正规大型比赛绝不是孩子一个人的事，家长的态度决定孩子的态度和努力程度，只有真正想赢的家长和孩子最后才有赢得比赛的可能。

如果说胡教授的实验中让小白鼠所向披靡的是研究员给它的一道光，那么，那束能助我们的孩子一臂之力的光在哪里呢？

家长手里握着孩子的光

孩子的每一次比赛你可有拼尽全力帮他体验一次成功？还是每次都让孩子参与一下，告诉他取不取得名次都无所谓？"光"是神经激活剂，只有让孩子意识到比赛很重要，需要认真对待时，大脑才能唤起神经元。并且越是难度高的比赛，越是战胜实力悬殊的对手获得的成功感受越能激发更强的神经突触连接，也就更容易诱导"胜利者效应"的再次发生。所以在孩子还小的时候，一定要多帮他们积累"赢"的体验，而不是总是以"无所谓"的态度，袖手旁观的行为让他们在比赛中一次次感受挫败，那不是对他们意志的锻炼，而是对他们大脑的摧残。相信中国科学家的研究成果，给孩子的人生注入六道光！

Part 05 兴趣篇

不等式：发现、选择与培养哪个更重要？

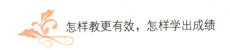

真正的兴趣无须坚持也能长久

兴趣班，让家长们举棋不定又欲罢不能。毕竟周围家有女孩的基本都是从3岁开始学舞蹈、4岁开始弹钢琴，5岁几乎已经出落成演出经验丰富的"老演员"了。当然，家有男孩的也不甘示弱，尽管还没上小学，但也纷纷都是手持围棋、跆拳道等段位证的高手了。看着别人家孩子奖杯奖状摆满屋，朋友圈今天晒苦练基本功的孩子意志多顽强，明天晒演出成功晋级全家多欣喜若狂，哪个家长都难免会产生一个想法：我是不是也该让孩子学点什么了？

既然能为兴趣班岿然不动的家长凤毛麟角，我们不如就来聊聊大家更关心也更有实际意义的话题。

"我的孩子好像对什么都不感兴趣，我该怎么发现他的兴趣呢？"

"兴趣班到底该怎么选择？"

"我的孩子学什么兴趣班总是半途而废，怎么才能让他坚持呢？"

要搞清楚这些问题，首先要搞清楚一个概念，即什么是"兴趣"。很多家长在帮助孩子选择兴趣班时的选择困难症，以及选择后的阶段性动摇症，都是由于从一开始就没有理解什么是真正的兴趣。当然，我也不是一开始就懂，因为十几年前我对心理学可谓"一知半解"都没有，而是完全在于孩子的"摸爬滚打"中，从他的身上最终悟到了兴趣的真谛：原来兴趣竟然不需要坚持！于是我开始查阅大量资料进行学习，结果让我大吃一惊，心理学界的前辈们已经把兴趣研究得相当透彻了，只是非专业人士还被蒙在鼓里。

什么是兴趣？

心理学家皮亚杰认为"兴趣就是需要的延伸，它表现出对象与需要之间的关系，因为我们之所以对于一个对象发生兴趣，是由于它能满足我们的需要"。经过后人不断的探索和总结，人们发现兴趣不是天生就有的，而是从对某种事物的了解开始，直到反复接触后产生的一种心理需要，不论成人或孩子，虽然都会接触很多事物或活动，但并不是对每一种活动都能达到产生兴趣的程度。所以其实兴趣归根结底不是靠外界力量强加而形成的，是出于个人的强烈愿望才被建立起来的。如果一个人的内心对某项活动没有需要，那么任凭谁都无法激起他的兴趣。

通过心理学家的诸多发现我们可以看出，家长们在某种程度上带孩子去尝试和体验不同的兴趣班，让孩子对某些新事物或新活动进行了解是没有问题的，因为这是兴趣培养的第一步，甚至可以说没有了解就谈不上能产生兴趣。但是有些家长抱着一种只要孩子参加了一个兴趣班，就必须对这项活动感兴趣的心态就有问题了，因为"兴趣"不是受家长控制的，而是受孩子的内心需要控制的。当他们反复体验过后仍然觉得这项活动很有意思，那才有可能产生真正的兴趣。当然，在家长的强迫下孩子们也可能在这项活动中表现得很出色，但是只有他们的内心知道那不是他们想要的，而是家长想要的，可是自己还是个孩子，还没有反抗和拒绝的权利，等有权利选择的时候他们会立刻丢掉家长的假"兴趣"，去找寻属于自己的真"兴趣"。

兴趣也有种类之分?

兴趣其实可以根据兴趣的内容、持续时间的长短及倾向性等不同标准分为不同的类型。

吃货的兴趣是美食，购物狂的兴趣是各种名品潮牌，还有人的兴趣是体验世界各地的五星级酒店，这些都属于物质兴趣，而相对应的"琴棋书画"等艺术类的兴趣和痴迷于刷题、搞科研都属于精神兴趣。有人对物质兴趣完全不感冒，有人则根本没有精神兴趣。对于未成年的孩子来说，如何引导他们的物质兴趣和精神兴趣平衡发展是非常重要的。

当你每次出门必带孩子住五星级酒店，那么在他的意识里就会形成五星级酒店是他的人生标配。有一天当他自力更生时如果达不到这个标准，他可能就会陷入自我怀疑，同时想尽一切办法去追求物质上的满足。所以即便你家境殷实、富可敌国，也要在孩子人生观和价值观形成的关键时期里把握好为他提供的物质生活的尺度，适当地去体验一下普通百姓的生活，否则有朝一日他经历人生低谷时，他将没有任何承受能力。这也是为什么有的富豪破产之后只能选择跳楼，而有的富豪却能在重压之下举债而东山再起，因为他们经历过生活的疾苦，具有很强的心理韧性。

同样地，执着于考满分的孩子也跟家长的引导有很大关系，以学习为乐可以说是精神兴趣中相当高的境界，但以考满分为追求的就不见得是一件好事了。精神兴趣应该是陶冶情操，修身养性，但你不见得非要让自己达到大师级水平才能体验到这些兴趣给你带来的快乐。而以"考满分"为乐则必须把自己推到大师级水平，一方面会容易使人变得过于追求完美，不能接受任何瑕疵，另一方面也容易使人变得偏执和一意孤行。

"以学习为乐"，从兴趣的倾向性上来看属于"直接兴趣"，不管是学习知识还是学习一门艺术，当你不在意这个学习的成果，而是单纯地享受这个学习的过程时，那么这个兴趣就是你发自内心的真兴趣。"以考满分为乐"从倾向性上来看是结果导向的，所以就是"间接兴趣"。当家长能做好引导时，直接兴趣和间接兴趣是可以有机结合在一起的，即能让孩子既体会到学习过程中的快乐，也能享受学出成绩时带来的成就感。

不管多大年龄的孩子，家长们都应该多注重培养他们的直接兴趣，包括家长，也应该把精力多放在自己的直接兴趣上，因为研究表明直接兴趣最能激发人们的创造力，在飞速变换的现代世界里，

创造力是最不容易被社会淘汰的能力。而且由于直接兴趣不是功利性的，它不计结果而只享受过程，所以会使你和孩子的人生更容易体验到发自内心的快乐和满足。

当然，人的兴趣还有短暂和稳定之分，"三分钟热血"就是短暂兴趣，"持之以恒"就是稳定兴趣。当一个人的短暂兴趣较多而没有稳定兴趣时，那么他最终可能一事无成。比如，我就是那种迅速对某种事物产生浓厚兴趣，投入一点时间钻研之后又很快放弃的人，所以导致什么都懂一点又都不精通。而这种"浅尝辄止"的心理倾向严重地影响了我工作和生活的方方面面，以致于年近不惑才终于稳定了自己的兴趣，一切从零开始，否则大家也看不到这本书了。

所以不得不提醒家长们千万不要误以为广泛地培养孩子的兴趣、但每一个兴趣持续的时间短点也没有关系，因为这影响的不仅是他们单独的某种兴趣，而影响的是陪伴他们一生的毅力。

兴趣要广还是要专？

当我们谈论真兴趣的时候，那么一定是专的。因为兴趣是一种心理需要，所以孩子自己就会有深入探究的欲望，如果这时家长又搞出另一个所谓的"兴趣"去吸引孩子，那么孩子的精力和时间也自然会被分散。人类确实有因为兴趣而同时精通很多技能的能力，但是能在超过三个以上领域都出类拔萃的人少之又少。如果你觉得你的孩子不是达·芬奇，又能画画还"上知天文，下知建筑"，连解剖学都能涉猎，就不要试图培养他多方面的兴趣，人的一生如果能发现并培养一个真正的兴趣已经足矣。很多父母总是怕自己的孩子落后于人，同事家孩子学声乐了，自家孩子也得学，根本不管孩子五音齐全不齐全；同学家孩子学轮滑了，自家孩子也要学，哪怕平时一点运动细胞都没有。这些都是父母的焦虑带给的孩子的"兴趣"，而不一定是孩子自己的兴趣。

真正的兴趣让孩子愉悦而不是痛苦

郎朗出名以后，很多人都开始追溯起他的童年，试图让自己的孩子效仿他童年时的练琴经历，一天弹七八个小时，未来也成为一名钢琴演奏家。更有家长认为是郎朗的父亲严苛的教育方式造就了今天的郎朗，于是对自己的孩子更加严厉起来。可惜他们只看到了表面，而没有看到郎朗成为钢琴家的真正原因。

郎朗在接受媒体采访时曾说：很多人认为我小时候练琴苦就是不幸福，其实我非常喜欢弹琴，那是发自内心的，不是逼迫出来的，否则我走不到今天。父亲只是有些教育方法比较严厉，但如果我不热爱弹琴，再逼迫也是没有用的。

可见，如果没有对钢琴的热爱，如果钢琴不能给小时候的郎朗带来愉悦的感受，那当他的父亲误解他逃避练琴而逼迫他时，他多半就会因为愤怒和压抑而听从了父亲的"建议"。但他没有，即便是那些至今听起来让人匪夷所思的痛苦经历都没阻止他对钢琴的执着追求，现在已经成名的他仍然保持着每天弹琴的习惯，甚至要求入住的酒店一定要为他准备一架钢琴放在房间里。即便那些音符和韵律早就刻进了他的指尖，但是他仍然要弹琴的理由不难想象，因为弹琴能让他感到发自内心的快乐，他对钢琴的喜欢是真爱。

郎朗是幸运的，年幼的时候就找到了自己的兴趣；他有这样的父亲其实也是幸运的，因为他发现了郎朗的兴趣，并倾尽所有培养了郎朗的兴趣。而我们一般家庭的孩子通常试过好多兴趣还不一定能发现一个孩子真正喜欢的，所以坚持就成了一件对于家长和孩子来说极为痛苦的事情。更可悲的是有的家长还会做扼杀孩子兴趣的选择，比如孩子喜欢画画，家长到了孩子学业繁忙的时候就把画画课停了，原因是画画耽误时间，影响学习；还有的家长觉得自己从事的职业太辛苦，不想让孩子去经历这样的辛苦，可是孩子从小受到的耳濡目染让他就是对这件事感兴趣，但因为家长的反对就被送到家长认为孩子应该感兴趣的兴趣班去学习，结果学得非常痛苦。

千万不要觉得孩子小，什么都不知道，其实他们比成人更清楚他们做什么事的时候是身心愉悦的，同样，也很清楚做什么事的时候是被逼无奈和痛苦不堪的。我们要做的永远都是用心去发现孩子的兴趣，而不是把自己的兴趣强加给孩子。

还给孩子真正的兴趣，做一个轻松的家长吧！你会发现你不用再督促他们去做这做那，他们早就跑在你前面钻研起来，不管是学习的速度还是学习的效果都会表现得让你大吃一惊。虽然发现这样的"真兴趣"很难，但是也不要因为难而选择培养孩子的一些"假兴趣"。假的真不了，总有幻想破灭的一天，孩子一句话"打死也不学了"，你的付出就变成了徒劳——因为你不能把他打死。

发现孩子的天赋堪比大海里捞起金箍棒

发现、选择、培养兴趣，这三者应该遵从的顺序一定让每个家长都很头疼，如果没有细心的观察，发现兴趣无从谈起，更别提发现孩子的天赋了，所以只能替孩子先选择兴趣，然后再努力培养兴趣，当然最后有可能发现孩子根本没有这方面的兴趣或天赋是常态。

慧眼观察胜过基因检测

为了尽早了解孩子的天赋，并进行重点培养，有些家长选择了风靡一时的基因检测机构，花几千块钱利用高科技手段为孩子算一次命，只是这命竟然是用唾液算的，而且号称能通过"天赋基因"算出孩子的天赋。而实际上，在科学研究中，从未给哪一个序列的基因命名为"天赋基因"，关于人类的智力、成就与基因之间的关系研究一直都在持续进行中，而且不管是样本数量还是实验结果目前都不足以支撑一个项目市场化运营。

十几年前在美国也曾有人利用这个概念为家长提供"天赋基因"检测服务，但后来因为科学依据不足而被取缔。而十年后的今天，不了解科学研究方法的人仍然占大多数，如果不是我后来学习了心理学，也很难知道标榜着前沿科学成果应用的天赋基因检测其实不但不够科学，就连研究方法本身都存在诸多问题。

所以一个合格的家长真的不是那么容易当的，不仅要教育孩子，还要不断丰富自己，否则就很容易陷入各种"科学"的陷阱之中，反而耽误了孩子的未来。任何检测其实都不如你的用心观察，因为只有你是和孩子最频繁接触的人。"书读百遍其义自见"的道理也同样适用于孩子，你观察得多了，自然会知道孩子在哪方面更有天赋。而且观察自己孩子的同时，还要注意观察和了解其他同龄孩子的情况，否则就成了井底之蛙。以为自己的孩子极有音乐天赋，听到音乐就跟着手舞足蹈，结果跟其他孩子一对比才发现，其实完全没有跟上节奏、动作也没有那么协调。

当然，如果你的钱实在多到花也花不完，那么也可以带孩子去做一下"天赋基因"检测，毕竟在这些机构工作的人也要吃饭，你也算做了一件善事。但是当你拿到那份图文并茂的报告时，千万别太当真，仅仅作为参考就可以了。不要因此而改变孩子本来学得还不错的兴趣班，也不要因此而给孩子增加他不感兴趣但却检测出他极有天赋的兴趣班。

运用科学量表、自测天赋潜能

有没有一些经过数据统计分析证明还算比较有效的测评方法

133

呢？这里不得不提一位非常有才华的心理学家——罗伯特·斯滕伯格。他就职于耶鲁大学后，开始致力于人类的智力和天赋的研究。研究的理由也是非常有趣：因为他小时候在智力测验中得分很低，令他感到十分疑惑，后来他提出了智力三元论。由他编制的针对儿童的潜力自测表或许可以帮助家长们在一定程度上早点发现孩子的天赋潜能。

你的孩子在以下哪个方面表现突出请在后面的框里画"√"，最后我们来统计结果。

题目	是
1. TA 在背诗和有韵律的句子时表现得非常出色。	
2. TA 很注意你在愁闷或高兴时的情绪变化，并会随之做出反应。	
3. TA 常常问诸如"时间从什么时候开始？为什么小行星不会撞到地球？"这样的问题。	
4. 凡是 TA 走过一遍的地方，很少会迷路。	
5. TA 走路的姿势很协调，随着音乐所做的动作很优美。	
6. TA 唱歌时音阶很准。	
7. TA 经常会问打雷闪电和下雨是怎么回事。	
8. 如果用词用错了，TA 会给你纠正。	
9. TA 很早就会系鞋带，很早就会骑车。	

续表

10. TA 特别喜欢扮演什么角色或编出剧情。	
11. 出外旅行时，TA 能记住沿途标记，说：我们曾到过这里。	
12. TA 喜欢听各种乐器，并能辨别它们发出的声音。	
13. TA 画地图画得很好，路线清楚。	
14. TA 善于模仿各种身体动作及面部表情。	
15. TA 善于把各种杂乱的东西按规律分类。	
16. TA 善于把动作和情感联系起来，比如 TA 说："我生气了，所以才那样做的。"	
17. TA 能把故事讲得很精彩。	
18. TA 会对不同的声音发表评论。	
19. TA 常说"某个人像某个人"之类的话。	
20. 对别人能完成与不能完成的事 TA 能做出准确的评价。	

如果孩子在1、8、17条表现突出，代表他可能有很好的语言天赋。

对于有语言天赋的孩子来说，让他们给父母讲故事是一种非常好的锻炼方式。当然没有输入就很难有输出，所以父母要首先以身作则给他们讲故事。如果你平时很忙，也可以给孩子播放听书APP，但是要对内容做好选择，一定要适合他们的年龄段。

另外，在家中说普通话也是非常重要的一点，尤其是想成为主持人的孩子。如果小时候就能请专业老师帮忙纠音，并且在家里也养成说普通话的习惯，那么孩子未来在发音这一关上就会容易得多。

如果孩子在6、12、18条表现突出，代表他可能有很好的音乐天赋。

如果发现孩子对音乐或韵律非常敏感，听到音乐就会停下来，或者跟着哼唱，很喜欢各种乐器，那么就要考虑重点培养了。至少家中应该是经常环绕着音乐声的，最好选择高品质的音响设备，这有助于孩子分辨每种乐器不同的声音，虽然他可能短期内还不能叫出这些乐器的名字，但也能带来好的音乐体验，提升孩子对音乐的理解。

一定要留意孩子更喜欢哪一种乐器的声音，说不定那正是他未来可能学得最好的乐器。另外，也可以带孩子去看现场音乐会，不仅有助于帮助他们认识乐器，也能把曾经听到的乐器声和实际中的联系起来，增加他们的学习兴趣。

音乐天赋最容易发现，但却最难培养，因为不论是演唱或者练习一种乐器，甚至学习作曲打谱，过程都是很苦的，家长们又很难把握好尺度，过度培养孩子容易产生逆反心理，放任不管孩子又可能怕他没有毅力坚持下来。

如果孩子在3、7、15条表现突出，他可能有很好的逻辑数学天赋。

其实数学天赋是比较不容易准确判断的，因为并不是数学成绩好就是有天赋，也不是数学成绩不好就一定没有天赋。很多数学家小时候都不是老师心目中那种有数学天赋的孩子，所以更需要家长的细心观察，并且综合老师给出的结论和建议。

当你确认了孩子在数学方面确实有天赋之后，那么一定不要吝惜时间和精力去寻找一位"对"的数学老师，作为引导孩子进入数学殿堂的领路人。孩子能在数学这条路上走多远，很大程度上取决于这位领路人数学思维的深度和广度。不得不说能把趣味无穷的数学讲得枯燥无味的老师大有人在，尤其是以提分为目的的教与学。如果选错了老师，不但不能培养孩子的数学天赋，反而是一种扼杀。

如果孩子在4、11、13条表现突出，代表他可能有很好的空间感知天赋。

空间感知能力除了体现在测试题中提到的几点之外，也体现在生活中的小细节。比如，喜欢拆装机械玩具、收音机、钟表等，如果拆完之后能够顺利重新组装上，那么说明孩子不仅空间感知能力强，动手能力也很棒，家长一定不要忽略这种天赋，因为你的孩子未来可能是设计航母、制造火箭、专利挂满墙的人才。

培养孩子的空间感知能力可以让他玩魔方，或者每次去到一个地方让他画出从家到目的地的地图，并按照他画的地图返回，验证地图的准确性。绘画也是一种非常好的形式，不论孩子画得好与坏，都值得每天拿出一些时间让孩子随心所欲地画画。绘画不仅锻炼空

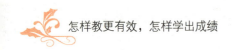
间感知能力，对培养孩子的空间想象能力也很有帮助。

如果孩子在5、9、14条表现突出，代表他有很好的身体动觉天赋。

出色的运动员、舞蹈家、武术家都有这方面的天赋，可以先尝试一下孩子对哪些体育项目感兴趣，是否喜欢舞蹈、武术等比较需要肢体协调能力的活动，然后再开始有针对性的培养。

如果孩子在10、16、20条表现突出，代表他有很好的自我认知天赋。

自我认知是一项非常重要但是大部分人又缺少的一种能力，就连成年人中也不乏自我认知能力较弱的人，毕竟了解自己并客观地评价自己实在不是一件容易的事。如果说到这方面能力的培养，那么只能是多鼓励孩子去表达自己，或者通过与他人的交流尽量了解别人眼中的自己是怎样的。家长们也可以请孩子尝试说出自己的优势和劣势，或者父母的优缺点等。

如果孩子在2、10、19条表现突出，代表他有很好的人际交往天赋。

具有认知他人才能的孩子擅长与人沟通，能够察言观色，习惯对他人的表现做出判断，并给予反馈。他们中有些极度敏感，不愿意进行自我表达，但也有一些非常喜欢与他人交往，有很强的组织能力，从小就是"孩子王"。如果同时具有语言天赋，那么未来可能成为外交官，共情能力较强的人也有从事心理学相关工作的潜质。

如果你发现孩子在某一方面并没有三条表现，但有其中两条，也说明孩子在这方面具有不错的潜力。还有一些孩子在每一方面只有一条突出表现，甚至有些方面完全没有突出表现，这不代表孩子没有天赋，而是发展比较均衡的表现或者还没有到该表现出来的时候。这并不是一件坏事，所以不必因此而沮丧。事实上，每个孩子在以上提到的这些方面都具有一定的能力，只是程度不同而已，同时拥有两种以上天赋的孩子也是常有的。

相信科学但不迷信科学

随着市面上出现越来越多的天赋潜能测评方法，家长们已经很难分辨孰真孰假。不过，其实也没有必要那么纠结。因为所有的测评结果都要综合孩子平时的实际情况来看，而不能完全依赖于报告的分析，尤其应该注意的是成长中的孩子是动态变化着的，再科学的测评也只能代表当时那个阶段下孩子的成长状态，而不代表永远。

我的孩子在对照潜力自测表时一开始看不出任何天赋，但到了4岁时，幼儿园的老师告诉我孩子在音乐方面极有天赋，理由是她教了这么久的钢琴几乎没有遇到像我的孩子这样完全零基础还能学得这么快、弹得这么好的；6岁时他参加运动会选拔，没想到小小的他跑得非常快，顺利入选代表班级参赛并取得了年级第二名，7岁时他因为舞蹈跳得不错，意外成为班级领舞，可以说身体运动方面的潜能是逐渐呈现的；而到了10岁他才通过一次全国性的数学竞赛让我确信他在数学方面确实有点天赋，但是程度如何，我也是一年之后见到了华杯赛的出题老师才知道他的程度还不错，所以从他11岁时才算正式开始培养他在数学方面的潜能。

而他那在4岁时就被发现的钢琴天赋由于家里没有地方放钢琴，当时也买不起钢琴而荒废了，但是之后他学习单簧管、二胡这些乐器时还是表现出了比较快速的学习能力，只是不再是最好的那一个。另外，6岁时他虽然跑得快，还能在学校比赛中取得名次，但是三年之后他的优势就几乎消失不见了，原因是他的身高与三年前相比并没有什么变化，而他的同学们腿长都已经到他的腰了，所以班级接力赛他不幸落选了。试想一下，如果我对潜能测评结果完全迷信的话，那么一定非常自责了，因为是我没有把他养得像其他同学一样高大，导致他不能在运动场上施展"一路狂奔"的天赋潜能。当然，我也极有可能把这种"自责"转化为对他的"指责"，因为他明明被科学证明是有运动天赋的，结果现在落选了，那么一定是他自己不够努力，为了不辜负他的天赋，以后每天跑十圈再回家吧。

明白不同形式的科学测评结果虽然有一部分对孩子的未来有一定的预测作用，但是作用是有限的，测评结果解释的是当下的状态，但孩子的成长是一个有波峰波谷、动态变化的过程，我们很难判断测评的那个时点是孩子某项能力发展过程中的波峰或波谷。只有通

过平日里的朝夕相处，再结合测评结果才能对孩子做出相对客观地判断。不盲从、不独断，利用好科学手段，但不迷信科学结果，才是对培养孩子的天赋、理解和教育孩子最大的帮助。

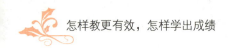

兴趣班选择上我走过的弯路请绕开

"我没想让孩子将来靠这个吃饭，只是想着在他以后遇到困难的时候，会一样乐器能舒缓一下情绪，不至于那么孤单。"

这个观点想必代表了一部分让孩子学乐器的家长的心声，听起来那么暖心。曾经我也和大多数家长一样，一心想着得让孩子有个兴趣爱好，至于是什么，学到什么程度，并没有那么重要。但即便是这样简单的诉求，实际操作起来也不是那么一帆风顺的。

首先就是如何选择这个兴趣爱好的问题，在孩子还很小的时候，我们很难看出来他们到底爱好什么，所以只能选择我们自己认为还比较适合他们的兴趣班。这种"适合"有时可以比较符合孩子的性格特点，有时却恰恰相反，是家长们想要锻炼一下孩子缺少的那一部分性格特点。比如，内向不爱说话的孩子，家长们会认为给他们报个口才班是比较适合他们的。而事实是怎么样的呢？口才班真的能让孩子变得外向爱说话吗？用一个我的孩子亲身经历的类似事件告诉大家到底应该为孩子选择符合他们个性的兴趣班还是选择弥补他们不足的兴趣班更有意义。

弯路一：跆拳道

我的孩子小时候长得瘦小而柔弱，我担心他上学以后被欺负，于是本着"人不犯我我不犯人"的原则把他送进了跆拳道班，也希望借此可以强身健体，弥补他没有竞争意识的不足。他虽然看起来瘦弱，但体力不错，学习也很认真，所以开始阶段从白带到蓝带都还算顺利。但是到了实战阶段，他的弱点就暴露无遗了，他文弱而谦让，经常被其他小朋友从垫子的一端连踢带打逼到另一端也不知道反击。教练在旁边大喊"出拳"好像也和他没什么关系，他完全进入不到格斗状态，反而像一个不小心闯入比赛场地的观众，满脸惊慌失措。而我在观众席上看着这个像是掉进比赛场地被误认为是选手的"小观众"不断挨打，心如刀绞，毕竟这个"小观众"是我的亲生骨肉。即便他戴着护具，我也依然能感受到我心里的疼痛。后来他一场小病间断了跆拳道的学习，而之后再让他去的时候他也跟我说了实话，他并不喜欢跆拳道，热身运动真的很累，最小的护具他戴着也太大，而且他也不明白怎么会有"两个人打来打去"这种兴趣班。我明白了他的抗拒和疑惑，坚持了两年多的跆拳道班宣告结束。

事实证明，已经快要初中毕业的他还没有被人欺负过，我当初的担心是多余的。但是作为家长，不免觉得这半途而废的"兴趣"实在可惜，于是后来我又"贼心不死"地每隔一年就给他看一下那

143

些他已经考完的段位证书，试图"激励"他考完黑带再放弃，又"诱惑"他，如果拿下黑带那说出去多骄傲啊，但每次都被他"无情"地拒绝了。

于是我不得不进行了深刻的反思，在孩子已经明确表示不喜欢跆拳道时，我为什么还想让他坚持下去？我这么多年不放弃想让他考下黑带，到底是为了让他骄傲还是让我骄傲？当我这样问自己的时候很容易就找到了答案。

跆拳道从一开始就不是他自己的选择，而是他爸爸为他做的选择，也是对我唯一的嘱托。理由很充分：跆拳道仪式感强，既能强身健体又能磨炼意志、保护自己，被大多数国家接受和认可，无论走到哪个国家都能保持练习的持续性；而对于孩子来说能弥补他性格中没有战斗精神的一部分。从任何角度来看这都是个不错的选择，我也完全认同。但问题正是出在这些看起来无可挑剔的理由上，不是家长认为对孩子好的兴趣就真的是对孩子好的兴趣。

与其想着去弥补他的不足，不如多想想如何提升他的优势。兴趣只有和性格相符时，孩子才能体会到兴趣带来的愉悦感。而像我儿子这种不擅长表达的类型，在他学习跆拳道的两年多的时间里一直默默地忍受着由父母安排的兴趣，却不能像其他那些本来就喜欢格斗的孩子一样享受这项竞技运动的快乐。现在想想这对一个小孩子来说是何等的不公平，而且不论是家长的时间还是孩子的时间都被白白浪费掉了。当然，还有金钱的浪费，那些课时费、考级费、护具没有一样是便宜的，可到最后却只剩下几张没有太大意义的段位证书躺在盒子里，而孩子的跆拳道技能早已忘得一干二净。

显然，坚持不懈地想让孩子重拾跆拳道考级这个"兴趣"，无疑是我自己的一厢情愿，虽然我不是为了将来可以去炫耀我的孩子是跆拳道黑带，但是却为了满足"我把孩子培养得对任何事都能做到坚持不懈"的愿望。一旦他放弃了学习，就像宣告着我的失败，而我太害怕失败了。

想通了这些，我尊重了孩子的意见，最近几年也没有再提起跆拳道。但是意识到自己的一个错误，就能避免下一个错误吗？答案是否定的。在兴趣班选择的道路上不是崎岖弯路就是坑坑洼洼。

弯路二：棒球

既然知道了应该选择符合孩子性格特点的运动，我就又踏上了新一轮搜寻的征程，这与跆拳道运动整整间隔了两年，充分说明了我在孩子兴趣班的选择上还是非常谨慎并且有原则的。

小时候我很喜欢棒球，但生活在小城市，连真实的棒球都没有见过触摸过，只能通过动画片《棒球英豪》来感受棒球的魅力。而这个由于种种原因没能实现的愿望，就很自然地转嫁到了我的孩子身上，我特别希望能看到他在棒球赛场上飒爽英姿挥棒打出全垒打的样子。

经过一番资料搜索，我认为这项运动非常符合他的性格特点，动静结合，讲究战略战术的他也一定会喜欢。棒球可以说是集智慧、专注、勇敢、趣味于一体，是一项既强调个人技能，又需要团队协作，能够培养孩子担当和牺牲精神的集体运动。于是我兴高采烈地给他讲述棒球有多么好玩、棒球运动员的平均智商秒杀众人等，并强烈建议他去上体验课，他半信半疑地同意了。上完体验课感觉还不错，于是我们正式开始了一对一的训练，我天真地以为我每周带他去上课，棒球就会顺理成章地成为他的兴趣了。

至今我还记得当我看他挥出第一棒击中球时跟动画片里看的完全不一样，满满的无力感，球也没有飞多远。而作为投手时，投掷也同样的软弱无力，动作还没有我帅气。我又开始质疑自己为孩子做的选择，到底是他没有天赋还是我这个陪练不够好？我一时还找不到答案，只能交给时间去检验。

教练跟我沟通孩子现在还小，比较瘦弱，力量不够，等以后长大了就好了。但可惜的是，没能等到长大问题就出现了。随着我们去到另一个城市、另一所学校，本来我以为是个好的契机，因为这所新的学校里有棒球选修课。结果总是事与愿违，孩子不但没有表现出极大的热情，反而跟我提出不想选修棒球，理由是新学校还有更多他感兴趣的课，而这些课和棒球课时间冲突。

我还能说什么呢？显然我精心策划的一场"圆梦"兴趣班又宣告失败了！所以，我特别能理解家长们在面对孩子放弃一个兴趣班时有多么无可奈何，毕竟所有的成本投入又面临着血本无归。而这个成本里，时间是最宝贵的，甚至可以说是无价的，因为我们无论如何也买不回当初花在那个兴趣班上的时间，也没法把那些时间给到另一个兴趣班。作为家长，总感觉自己的孩子比那些一直坚持上同一个兴趣班的孩子又落后了一大截，人家早已遥遥领先，自己却焦灼地连方向都找不到。

经过仔细剖析，我发现这次我犯了一个和很多家长不谋而合的错误：把自己没有实现的梦想转移到下一代身上去完成。我以为自己很用心，根据他的性格特点为他选择了一项在国内还比较小众的运动，但其实不过是我自己当年没有耍帅的机会，也没有看到过任何男孩在棒球场上的样子，现在妄图借自己孩子的身体去实现，因为我最常幻想的是他在球场上的样子，而非他因为这项运动而做出的改变。于是，我突然意识到我的这个内心深处最真实的出发点，只要去拍艺术照就完全能达到目的了，根本不必要孩子真的把棒球学到多棒，一张照片一样可以让我产生"圆梦"的心理效应。

当然，我并没有强迫孩子去照一张手持棒球棒的照片摆在我的床头，但是我却用心地询问、并用心地倾听他为什么对棒球不感冒的原因。而结果也是很令我惊讶的，不过好处是一下帮我排除了很多种类的兴趣班，因为他说自己并不喜欢很多人参与的竞技类运动，比如篮球、排球、足球、棒球……很多棒球运动员的门牙都是假的，他不想被球打掉门牙。他喜欢独自一个人进行的活动，比如滑雪、魔方。想想他的性格，的确是这样，从小就安静得很，从来也没有像我小时候那样经常和一群孩子疯跑，把膝盖磕得旧痂未掉又添新伤。而我一开始却没有考虑到这么周全，或者说没有从孩子的心理感受出发，他面对这些身体对抗性较强的运动时内心可能是恐惧的，不能沉浸在运动带来的快感里。没法体验到一项运动的快感，那么必然很难继续下去。无论是成年人还是孩子，其实都是一样的，如果不考虑外界因素，谁也不会长期去做一件不能让自己感受到快乐的事情。

痛定思痛：弯路超车

虽然在兴趣班的选择上难免走弯路，但不代表弯路就没有超车的机会，而有时候机会就来自一颗平常心，来自顺其自然。孩子的新学校有个气膜馆，每天大课间和午休他的同学们就会跑到气膜馆做运动，有的打篮球，有的打羽毛球，他选择了后者，而且一打就是一年多不间断，周末也要拉着我玩。要知道曾经我也是绞尽脑汁劝他去羽毛球场，还要给他请教练的，但他都以"没必要"为由拒绝了。因为他真的认为羽毛球没必要学，只要多玩自然就会了。而作为家长的我，却总是想着他的姿势没人家标准，打球也没有章法，这样不行。但实际上这些真的重要吗？对他来说，羽毛球不过是一种游戏，所以他习惯用"玩"这个字，因为他真的觉得羽毛球好玩，也就是说这是他的直接兴趣。他不是为了给别人看自己打球的姿势有多帅，更不是为了赢得什么比赛，仅仅是享受"玩"这个过程。正是因为这种"享受"的愉悦体验，才让他不知疲惫地可以连续打球两个小时，还总是抱怨时间怎么过得这么快。

在他玩羽毛球一年多之后，我惊讶地发现他的姿势看起来已经相当专业，而且还运用起了"狡猾"的战术，轻轻松松就可以把球技几乎原地未动的我打个落花流水。想想我当初可谓"处心积虑"地计划，不就是希望能有现在的结果吗？现在不仅这个结果有了，而我还没有付出任何努力。没有搭一点时间把他送到教练那里，也没有花一分钱的培训费，更不需要时不时鼓励他不怕流血流汗要坚持下去。原来只需要提供一个环境，一切就可以变得这么轻松，我突然觉得自己以前的做法真的是蠢到了极致。

自此以后，我变得聪明了，不会再去刻意替他去选择兴趣班，而是由他自己去选择。他的一项持续了五年并且看样子会一直持续下去的终极兴趣——滑雪，最初不过是因为同班同学都去参加滑雪冬令营，他也决定一起去玩，结果后来很少有同学去了，他却像每年冬天长在雪地里一样无法自拔。

有时候真的是家长们想得太多，总觉得自己不为孩子选个兴趣班都对不起孩子，没有为孩子的全面发展负起责任。其实就算我们不干预，他们也一样有遇到自己兴趣的契机，有抓住自己兴趣的能力。默默看着他们成长，胜过自以为是地做主他们的人生。

兴趣培养必不可少的预热期

兴趣的培养正如泡一壶好茶，泡茶前要先温壶，茶香才会更浓郁。但是大部分人都很心急，一心想要快点喝到一杯好茶，却忽略了泡一杯好茶之前所必需的步骤。

知之者不如好之者，好之者不如乐之者。如何让孩子变成"乐之者"，是需要精心策划的。把孩子丢进兴趣班，然后就指望他自己能产生兴趣，其实概率是很小的，除非孩子碰到非常会讲授课程、又懂得如何激励别人的老师，并且这位老师对你的孩子有持续性的积极关注。而你如果奢望一个陌生人能把全身心都投入在你的孩子身上，那么你可能过于理想化了，因为这是连你自己都很难做到的事情。

有没有一个成功的可复制的模式让孩子对某一项活动产生兴趣呢？其实是有的，只是因为它很难做到恰到好处，所以大部分时候我们只能捕风捉影，一不小心就会功亏一篑。正如前面我提到的我自己在培养孩子兴趣方面那些失败的尝试，其实不仅是因为我把自己的愿望强加给了孩子，也因为我天真地以为他会喜欢我为他做的选择，毕竟无论是跆拳道还是棒球都是看起来很适合男孩子耍酷的运动项目，所以我并没有在送他去兴趣班之前做太多的引导和铺垫，或者说我做的那些不过是浮于表面的思想工作，而不是真正的"精心策划"。

对于年龄比较小的孩子来说，当家长跟他们讲某个活动很有趣的时候，想让他们也去参加的时候，他们是充满了好奇，愿意去尝试的，但是仅靠尝试并不能让一个兴趣长久。而对于大一些的孩子来说，他们答应家长去上一节体验课很多时候是出于无奈，并不代表他们不排斥这项活动，只是他们懒得跟家长争论，因为他们知道结果一定是输，不如先乖乖地去，然后找一些听起来还说得过去的理由告诉家长这个兴趣班不行。所以让孩子不断尝试不同的兴趣班以求培养出孩子的兴趣并不是"精心策划"，而是"偷懒耍滑"。

如何做才算"精心策划"？

一个至少持续半年以上的预热期。比如，你想让孩子学习一种乐器，那么首先应该做的是平时在家里经常播放这种乐器的独奏曲，让孩子先熟悉这种乐器发出的声音、旋律，你不需要刻意地去告诉孩子这是什么乐器，这乐器奏出的音乐有多么好听，只需要让孩子自己感受音乐在房间里流淌时的优美就足以胜过你的千言万语。而这个步骤因为孩子之间的差异可能需要持续一个月到半年不等，才能引起孩子想要认识这个乐器，或者拥有这个乐器的念头。

当孩子表现出对这个乐器的好奇时，你才可以进行下一个步骤：寻找一件二手乐器。你可以看似无意地送给他，说是朋友的孩子淘汰下来的，如果他不介意可以拿着玩，然后随意放在家中的某个位置，暗中观察孩子的反应。为什么一定要是二手货呢？因为如果你买了一件新的乐器会立刻给孩子造成压力：一是孩子会认为你必须要让他学习如何演奏这件乐器，二是他会因为担心自己学不好而对不起你在他身上做的投入。所以即便孩子明明很喜欢这个乐器，如果你一下子就花了很多钱买了个新的给他也可能会弄巧成拙。

如果前两步都进行得比较顺利，那么就到了第三步：借助外力，扩大影响。外力有很多种，还是以乐器为例，让孩子经常接触会这种乐器的亲朋好友，并听他们讲述关于乐器的故事，或跟他们学习演奏一些极其简单的乐曲，能激起孩子对乐器的兴趣，注意一定是学习极其简单并且孩子很熟悉的歌曲，如《一闪一闪亮晶晶》，只学习歌曲里有的音符，不要学习和旋或其他任何复杂的演奏技巧，这样只会让孩子觉得乐器很难，从而打消继续学习的念头。而单纯的反复练习基本音符又会让孩子觉得枯燥无味，所以从简单的歌曲学起，让孩子学完就可以自弹自唱，哪怕只有三四句话，也会大大提升他学习这个乐器的信心和兴趣。

另外，一定不要错过新年音乐会，或者孩子喜欢的乐器的独奏表演。如果当地没有这个条件，那么可以在网上搜索知名乐团或个人的演奏，不定期地陪孩子一起观看，这对提升孩子的音乐鉴赏能力上很有帮助。借助不同形式的外力对孩子潜移默化的影响，让孩子被乐器的声音和演员的神韵所深深吸引，自发地想要学习如何演奏，主动向你询问是否可以请老师来教自己时，那么这一步的铺垫就完成了。

合适的老师胜过优秀的老师

终于到了老师出场的环节，好像家长们可以松一口气了，但事实上在孩子比较稳定地跟随一位老师学习之前"选择老师"这个环节才是重中之重。家长们一定要有一种意识：不是名师就适合你的孩子，你需要综合考虑孩子的个性，老师授课的风格、说话的语气，以及与孩子的契合程度。这些都将影响孩子在兴趣班的学习热情和学习成效。相信没有哪个家长是想搭着时间、精力和金钱，但却不希望孩子有所进步的，所以一定不要在选老师这个环节偷懒，否则前面你费尽心机所做的"三步法"铺垫可能就前功尽弃了。比如，你的孩子性格内敛，抗压能力较弱，相对于技能优秀但却严厉的老师而言，温和而善于鼓励孩子的老师就更适合做他兴趣班的启蒙老师，不然可能没学几节课就被老师吓回家了。

怎样才能找到合适的老师呢？我的做法是天罗地网般搜索加现场体验式比较。

"天罗"是指通过网络搜索全城范围内所有相关教育机构，电话咨询并逐一进行对比筛选，留下教育理念和你比较相符的一批。同时，确认是否有差评，差评的内容是否是你能接受的范围。注意搜索时先不必考虑离家远近的问题，因为第一轮搜索的目的不是单纯为了一步到位给孩子找到一个合适的离家近的培训机构，而是为了让你先对这类兴趣班有个全面了解，哪怕你最终因为距离或者学费没选择那里，你至少要知道全城水平最高或者口碑最好的培训机构在用怎样的方式教孩子，你才能知道如何配合老师弥补这些不足。当你把一座城市的钢琴培训学校都了解过一遍之后，你基本上也能成为半个销售顾问，并给别的家长讲解各个学校的优势和劣势了。孩子三岁时我就曾搜遍大上海所有的英语培训机构，打电话打到喉咙沙哑，最终筛选出10多个机构作为备选。

"地网"通常是在"天罗"之后展开的实地探访，当然，偶尔也会遇到一些没有在网络上留下痕迹的培训机构，所以"搜街"是必须要做的事情，当然，"搜街"不必全城，只要在你可以接受的距离范围内时不时散散步或者开车转一转，说不定就会有意外的收获。另外需要注意的是这一轮不是体验课，是不需要带孩子去的，一是孩子走多了会累，看多了会烦；二是预热期就是要营造"无心插柳"的感觉，以免给孩子造成压力而产生退缩心理。通过实地探访，你之前筛选出的那些机构里一定有一部分给了你启发，也有一部分被你淘汰，最后剩下的为数不多的几家机构才是你应该带孩子去亲临现场上比较一下的。

比较的内容包括体验课上孩子对教室环境、课堂气氛、学习内容的评价，也包括孩子对授课老师喜爱程度的评价，每一个细节都可能打动他，或者在未来伤到他，所以一定要非常重视孩子的感受，并请他们表达出来。如果你们实在无法定夺，那么可以列出一个表格，里面包含刚才提到的那些要素，再加上你们比较在意的关注点，对每一个小项进行打分，最后核算哪个机构的分数最高，自然就有了选择。

这里不得不提一种比较少见的情况，即便你按照上面说的都做得尽善尽美，也难免有遭遇失败的时候。我就遇到过这种情况，老师并没有曾经说的那么认真负责，该怎么补救呢？除了果断换老师别无他法。不要妄图通过交涉让老师有所改变，那是他多年人生经历积累形成的东西，不是你叮嘱一句两句就能改过来的。如果因为迁就别人而耽误了孩子，那可真是大错特错了，虽然我就干过这种傻事。

合适的才是最好的，因为这样的老师懂得如何让孩子从兴趣爱好中获得成就感，即便孩子在一开始表现得并不那么出色，他们也总能找到鼓励孩子的方式。他们可能不是一开始就让孩子进步最快的老师，但他们却有让孩子持续保持对某种兴趣爱好的热情的能力。

合适的老师会为孩子提供尽可能多的成功体验，可能是日常授课过程中的一次表扬，一句鼓励，或者一次给孩子在全体同学面前做示范的机会。这些都会让孩子产生愉悦感和满足感，感受到自己

的成长和进步，也更愿意去积极进取，努力实现下一个突破。

刻意练习与学以致用

不得不说家长们真的很不容易，因为"天时地利人和"之后，不代表"预热期"就此结束，还要"扶上马送一程"。要让孩子知道当他在某方面有天赋、也有热情时，就要像其他"天才"一样开始刻意练习了。不管是莫扎特还是贝多芬，他们都经历过这个过程，也唯有经历过这个过程才有可能成为像他们那样的"天才"。心理学家安德斯·艾利克森在《刻意练习》一书中提到所有的杰出人物都有一个相同的成长路线图，即产生兴趣、变得认真、全力投入、开拓创新，这是他潜心几十年在专业特长领域的研究成果。

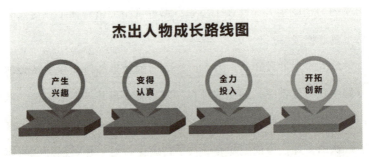

我们可以参考这个路线图了解孩子所处的阶段，并进行循序渐进式的引导和培养。前期的预热相当于培养孩子产生兴趣，以及令孩子对待兴趣的态度变得认真，而全力投入则进入了刻意练习阶段，是家长应该努力"送一程"的关键时期，到了"开拓创新"阶段，

孩子基本就可以独立完成了，而且这个时候家长即便想参与也心有余而力不足了，孩子需要的是更加专业的指导和启发。

任何兴趣、特长都要有"用武之地"才能激起人们持续不断全心投入的欲望，多为孩子留意可能用到他特长的机会，比如有含金量的比赛、公益活动表演，如果有条件甚至可以为他专门开办一场小型家庭音乐会或艺术展等，这些都能让他真切地感受到自己学的东西是有意义有价值的，并且是有趣的，只有"学以致用"才能越学越好。因为只有在"用"的过程中，孩子才更容易直观地发现自己的优势和劣势，从而进行有针对性的改进。也只有"学以致用"，才能提升孩子的成就感，为他们的未来进入"开拓创新"阶段不间断地补给能量。

我的孩子在滑雪这项运动上的预热时间有一年，从"产生兴趣"到"变得认真"用了三年，全力投入地练习了两年。每个雪季他都会围在教练左右，如果学生多了他就做助教，虽然他还未满16周岁，也拿不到助教费，但他仍然保持着极大的"教学热情"。没有学生的时候，他还会在滑雪场上找一两个不太会滑的陌生人主动教他们，"教"的过程就是他的"学以致用"，能够教会别人给他带来特别大的成就感，推动着他不断提高自己的滑雪技能和教授技巧。每经历一个雪季，他都能感觉到自己距离真正的滑雪教练又近了一步。

你的一次"精心策划"，可能会让孩子拥有陪伴终身的兴趣爱

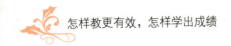
好，也可能因此而成就他的美好未来。未雨绸缪、不急不躁，做个有心但看起来却无意的家长，对于激发孩子的兴趣爱好最为好用。写完这一章时，我请孩子看了一遍，他忍不住问我："到底哪个兴趣班你预热了啊？我怎么不知道呢……"我笑而不答，因为答案是"所有"。

Part 06 职业篇

混合运算：当尊重等于零时，职业规划随之归零

尊重

只提供选择项，不行使决定权

　　小时候我们常常被问"孩子，长大以后你想做什么"，等我们真的长大了，却发现父母早已为我们安排好了一切。曾经的我们有顺从的、感恩的，也有抱怨的、反抗的，而如今当我们也为人父母，却发现自己也不由自主地想为孩子安排好一切。

　　诚然，我们见的世面比孩子多，就像当年我们的父母也认为自己过的桥比我们走的路还多，所以才会替我们做决定一样，所有的出发点都是为了我们有个美好的未来。事实上，很多孩子确实因为父母做主了自己的人生而变得顺风顺水，令人心生羡慕，但我却看到更多的人因为不能违背父母之命或不愿意伤父母的心而选择了自己根本不想读的专业，做了自己完全不感兴趣的工作。

　　我接到的关于职业发展类的咨询中，不管是刚毕业不久的大学生还是人到中年仍然觉得迷茫的成功人士，他们的背后几乎都有一个受父母控制的人生；不论收入多寡，他们表现出的职业倦怠感也都高于一般人。当一个人背负了太多"沉重的爱"，他就很难抬起头看清远方的路。我们应该做让孩子轻松的父母，不要让他们背负太多。想要不插手孩子的人生好像很难，但其实还是有些办法的。

做会讲故事的家长

当一个人想要做出一个相对理智的决定时，通常他需要先了解自己有多少种选择。作为家长，最应该做的就是告诉孩子他们的人生可以有多少种职业选择，而不是替他们做一个选择。即便你觉得你为他们做的选择是最好的，也应该把这个职业全面地介绍给他们，包括利与弊，而不是只向他们灌输好的一面。否则当他们信任了你而选择了这个职业，但有一天却发现这个职业根本不像你讲述的那样美好，那么你在他们心中就可能一下子沦为"失信人员"，他们自己也会陷入职业迷茫，那时孩子的绝望和痛苦你将无法替代。

不管对成年人还是孩子，最容易让人理解和接受的方式仍然是讲故事。你可以把自己的职业经历像故事一样讲给孩子听，一般情况下，一父一母就可以让孩子比较全面地了解两种职业，再邀请一些亲朋好友给孩子讲述一下他们所从事的职业里可能遇到的一些故事，那么孩子就可能会了解10种以上的职业每天的工作内容是什么。这些才是对于即将面临文理选择、专业选择、职业选择的孩子们最需要的信息，因为只有全面地收集了信息，才能有后面相对客观的信息加工，才能得出相对准确的结论。但如果只有父母提供的一条信息，根本谈不上与其他职业进行对比分析，无疑是管中窥豹，很难看到职业选择的全貌。

我做过令人"羡慕嫉妒恨"的外企白领、独立培训讲师、企业咨询顾问，也开过需要卖苦力的小店，拎着箱子给别人化妆，我会把每种职业的欢乐与辛酸都讲给孩子听，让他看到当年我工作时的照片和录像，真切地感受每一种职业的工作内容及工作量，并不断与他交流心得体会，询问其中哪些是他感兴趣的部分，哪些是他一辈子都不会考虑的职业。我总是努力把故事讲得很精彩，他前一秒会因为我讲课一个小时能挣上万元而惊掉下巴，觉得这职业简直牛气冲天，后一秒钟又不解为什么开个小店的我，一个人搬三百多公斤的货累得胸腔疼了两三年还乐此不疲。每一种看似光鲜亮丽的职业背后都有不为人知的艰难，每一种看似千辛万苦的职业背后也可能有不为人知的欢愉，职业选择其实"如人饮水，冷暖自知"。

未来的职业

世界瞬息万变，人工智能崛起，你确定自己为孩子选的职业未来不会被机器人所代替？父母如果只提供一种职业选择显然是不明智的，也是不负责任的。孩子所从事的职业一旦被淘汰，而你之前又没有未雨绸缪地让他学习其他技能，那他将面临的是社会的终极淘汰，可能刚工作不久又要一切从头再来。

现代社会的发展可以说是日新月异，几乎每天都会催生出新的职业，整理收纳师、社群运营师、食物造型师等，这些千奇百怪的职业可能是我们这一代根本不认为是职业的职业，不会考虑去做，也不会推荐给孩子去做，但是仍然有很多年轻人前赴后继，在这些新兴行业里做得很开心也很出色。孩子的年龄和我们至少相差20多岁，他们的择业观自然和我们迥然不同。在这个信息时代，人人都可以通过网络了解世界，而我们的关注点可能停留在我们熟悉的事物上，孩子的关注点则聚焦于新兴事物，我们不敢说自己的眼界一定比他们高远，因为我们只了解那些我们看到过或接触过的职业，可是他们将来要从事的职业可能现在还不存在，有些职业可能正因为他们的存在才被创造出来。

你的孩子也可能是某种职业的创造者，而不是已有职业的追随者。游戏体验师就是被年轻人创造出来的职业，以前打游戏是不务正业，现在打游戏也可以是正经职业。试问哪位家长在孩子还小的时候能想到还有这样的职业呢？即便是现在大多数家长对于孩子打游戏还是持否定态度，那些生来就有游戏天赋的孩子们也很可能因为家长的忽视和遏制而埋没了自己，走上了另一条自己完全不了解也不喜欢的职业之路。

事实上，优秀的游戏体验师非常抢手，他们不仅必须是资深的玩家，还要有非常出色的与客户及研发团队的沟通能力，能够比较市场上同类竞品的差异，并提出建设性的改进意见。这是一项极其需要观察力和创造力的工作，大量重复性试玩枯燥乏味，需要对游戏有发自内心的热爱才有可能胜任。但是因为家长的眼界有限，在他们的字典里游戏就等于不务正业，却没想过随着时代的发展，游戏本身也可以是一种正业。很少有家长愿意把自己的孩子培养成跟

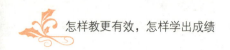

游戏领域相关的人才，也不能正确引导孩子如何为未来的职业选择做准备，因此使孩子与自己钟爱的职业失之交臂。

关于未来可能适合孩子选择的职业，家长最需要做的不是把自己的意见直接给到孩子，而是需要开阔自己的视野，多了解科技前沿信息，更重要的是与孩子一起分享、分析，各抒己见。通过这种互动式的讨论，你可以了解孩子现阶段思想的深度，对哪些职业的兴趣度更高，绝对不会选择哪些职业等重要信息，只有在了解孩子的特质、兴趣和对不同职业的看法之后，家长才有可能根据自己的经验给孩子提出一些可行性建议。

提供足够多的选择项

在孩子听了你的讲述之后，他对一些职业可能会建立起一个最基本的概念，但是离他们做出职业选择还只是万里长征的第一步。千万不要期望和孩子聊几次就能帮他决定后半生的路该怎么走，你所说的内容仅仅是他该如何选择自己想走的那条路的一个参考，他还需要有一个自我消化和思考的过程，而这个过程随着他年龄的增长可能会变得很漫长。越小的孩子决定一件事情的时间越短，但这不代表他们完全吸收了你说的话，只能说明他们没有考虑太多，也想不到那么多做了选择的结果。

比如，孩子经过和你的沟通决定以后做职业运动员，你也为孩子找了最好的教练，希望为他的“梦想”助力。但当他实际训练时

却发现原来职业运动员是那么辛苦，于是和你叫苦连天，总想逃避训练，你自然恨铁不成钢，觉得孩子意志薄弱，可能终将一事无成，其实是他在思想上一开始就没有完全准备好。当你没有提供足够多的选择项请孩子进行慎重地对比分析，并最终得出"运动员是他的最佳职业选择"这个结论时，孩子遭遇困难和辛苦自然想要退缩，因为他认为放弃做职业运动员或许还有其他不错的选择，没必要全力以赴。

与其说是孩子做职业选择时不够慎重，不如说是家长提供选择项时不够负责。"三百六十行"，你只让孩子了解四五行，就要让孩子从中做个选择，怎么可能保证他就一定擅长而且喜欢呢？关键很多家长还要自夸为孩子真是尽心尽力，认为自己已经帮忙把方向都确定好了，孩子再不为自己的未来努力那就是他自己的问题了。

你如果真的无法控制地想要做主孩子未来的职业选择，那么也请先做个负责的家长，尽可能全面地了解和收集不同职业的信息。你可以参考下面的表格，先通过调研把空白处全部填满，然后再从中选择可能适合你孩子的职业。

职业调研表

职业大类	职位名称	工作职责	任职要求	薪资待遇	其他福利	主要分布城市	……
人工智能	算法工程师						
	机器学习工程师						

续表

职业大类	职位名称	工作职责	任职要求	薪资待遇	其他福利	主要分布城市	……
	语音识别工程师						
	图像处理工程师						
	NLP 工程师						
财务 / 审计	财务总监						
	会计师						
	审计主管						
	出纳						
银行	客户经理						
	风险控制						
	大堂经理						
	柜员						
设计	视觉设计师						
	UI 设计师						
	仿真设计师						
……	……						

当然，最理想的还是和孩子一起做这个信息收集工作，因为在收集资料的过程中孩子自然能产生思考，并逐渐建立起批判性思维。这也是很多工作中实际应用的调研方法，让孩子在没有参加工作之前就掌握对他未来的工作也会很有帮助。

将调研结果付诸实践

你可以和孩子整理出"最喜欢""最擅长""最具发展潜力"等三到四个职位，然后对应这些职位要求让孩子考察自己现阶段的技能，以及通过努力可以获得的技能。针对孩子还没有达到的技能做一个三年规划或五年规划，有计划分步骤地帮助孩子完成这些技能的提升。不要觉得工作离孩子还很远，现在培养这些技能都太早，其实并不是这样的。一旦认定了目标，为之付出行动才是有意义的，否则前面所做的一切都等于零。而且任何一项工作需要的都不只是一种技能，哪怕你的孩子将来只坐在实验室里自己搞研究，不和任何人接触，他也要具备良好的阅读和写作能力，以便把他的研究成果以论文的形式告知天下。另外，科研人员每年也有大大小小的学术会议，PPT技巧和演讲能力必不可少，这些都是可以在初高中时代就让孩子掌握的技能，而不是等他考上了研究生，进了实验室工作再让他花时间去学习的技能。

记得我刚毕业时连打字都不会，但我却很幸运地进入了世界五百强企业，因为面试时没有考打字。现在想想这是公司默认员工应该有的最基本技能，所以才没有设置这个考察环节。入职后我们开始了长达三个月的应届生全方位培训，我发现同期的学生中只有两三个人如我一样只会用右手食指挨个敲击键盘上的字母，而大部分人一分钟都能打60~80个字。别人打字时键盘发出的是"噼里啪啦"的声音，而我的键盘间隔三五秒才会发出一声"咚"，因为我真的找不到那些字母所在的位置。培训师虽然一直很和善，从没有鄙视我，但我非常鄙视自己，他每次路过我的座位时我都觉得脸烫得像一团火。最惨的是这是一份需要眼睛盯着屏幕，手指敲击键盘，嘴里说着外语，脑子里想着如何向客户推荐合适型号电脑的工作。我记得有人入职时打字速度一分钟就已经过百，他的职位晋升神速，而像我这种毫无准备的"孩子"，很快就成为第一个离职的人。要知道那是一份所有毕业生都梦寐以求的、在当时给出最高薪资的工作，几千人竞聘，也只不过录用了9个人，而被录用了的我却在刚开局就败下阵来，如果不是读书时职业意识淡薄，从未想过为未来提前做些技能上的准备，也不至于在一份本该幸福感很强的工作中经常感觉到挫败。一个人之所以失败，原因还是在于自己。

当你的孩子在参加工作时不至于要询问别人打印机怎么用，Excel如何做折线图，也不必再利用工作之余私下学习如何做出漂亮的PPT用于工作汇报，如何穿衣打扮才更符合职场人的要求时，那么他就可以把更多的精力放在工作本身上，而"专注"会让他比别人更容易获得工作成就和更具挑战的工作机会。请相信，成功就像跑道终点的那根绳子，它确实一直在那，只是距离远到你在起点时有点看不清。调研结果就像发令枪，那些早有准备的人听到枪声已经开始带着孩子起跑，而你却觉得孩子还小，一切尚早。可能明明你的孩子腿更长、跑得更快，但是因为起步太慢，他要花费几倍的力气也不一定在最后时刻追上那些早早就付出行动的孩子。所以，你觉得这应该怪孩子笨，还是怪你懒？是孩子的学习速度不如人，还是你的前瞻意识不如人？

只有入木三分的调研，才有可能产生真知灼见；只有真知灼见才有可能正确指导孩子未来的职业选择；只有先有了正确的选择，才有可能让努力的方向不出现偏差。但最关键的是，只有努力了，未来才会来。

早体验
小学毕业前体验 30 种职业会怎样？

很多家长认为职业是大学快毕业时才应该考虑的事，以打工、实习等方式来体验未来可能从事的职业也只有从大学阶段家长们才允许孩子做。事实上，初中阶段就应该开始和孩子一起做职业规划了，年满 16 周岁则可以让孩子尝试做一些短期临时性工作。我的孩子比较幸运，小学阶段就体验了 30 种职业，当然是真正的体验，而非有工资回报的童工。但即便是这样类似于游戏的"体验"也让他收获颇多，因为他也同样经历了职业选择的迷茫，对某种特定工作的喜爱，以及久做一种工作后的倦怠。

职业体验馆里的兴奋与迷茫

职业体验馆其实不是类似会馆一样的游乐场所，而是一座专属于儿童的微型城市。不仅有邮局、银行、警察局、医院等保障民生的单位，也有饭店、酒店、电影院等休闲娱乐场所，甚至有驾校和在建的房屋。孩子们和现实世界中一样，必须参加驾驶员培训并通过考试才能开车上路，而参加培训和考试所缴纳的费用则需要通过打工赚取。城市里有多达几十种工作供孩子们选择，只要肯付出，就一定会领到工资——城市货币，赚得多了花不完还可以存进银行。

　　善用职业体验馆不仅可以培养孩子的独立性，还能引导孩子对自己的未来做初步的职业规划。可悲的是大部分家长并没有好好利用这座"城市"：本来可以引导孩子们通过自己的努力在这座微型城市里"生活"，但家长们却选择直接拿现金充值城市币供孩子们玩乐，结果"城市"变成了普通的游乐场，除了娱乐没有起到任何作用。孩子花一天时间把所有职业都走马观花地体验了一遍，然后高高兴兴地离开了，毫无收获。所以如果有一天孩子变得只知道享乐而不思进取，请不要怪他们，因为你从小教给他们的就是不劳而获。

　　最早的职业体验馆出现在1999年的墨西哥，后来美国、日本等国家也陆续开始出现大型的室内儿童城市。我曾经想过带孩子去日本体验，后来很幸运，我们当时生活的城市也开了一家，于是我们办了年卡，周末的时候就会让孩子去他的"城市"里工作、学习和生活。一开始他是晕乎乎的状态，因为"城市"对于他来说太大了，经常走着走着就迷路了，而他又是个不爱问路的孩子，于是自己在城市里绕圈，寻找自己能做的工作。虽然是按儿童身材比例设计的微型城市，但还是给身材矮小的他一种压迫感，因为他需要把头仰得很高才能看到那些店铺的名字和门口贴的广告，有些工作因为他身高不达标还要被拒之门外。这像极了真正的求职过程，只是他在年纪尚小的时候就体验了而已。即便他一直是一个很清楚自己想要什么的孩子，想必当时在偌大的"城市"里也有择业时的茫然不知所措吧！

好在孩子从他的"城市"回到家里时，表现出的不是沮丧而是兴奋。他给我讲述了很多他的见闻，比如他发现"城市"里应有尽有，生病可以去医院，丢东西可以去警察局，还看到有模特在T台走秀，后来他跟工作人员了解到那是一个模特经纪公司，正在招聘模特，但那不是他喜欢的，所以没有去应聘。他说自己虽然没有走完整个"城市"，但还是发现了一些自己感兴趣的地方：建筑工地和邮局。我没有给予任何评价，只是告诉他当建筑工人也好，做邮递员也罢，趁着年纪还小尽量多尝试一些"工作"类型，找到自己真正喜欢的，说不定长大以后也要从事类似的工作呢，所以每一份工作都应该认真去做。

爱上一份工作

随着孩子对儿童城市的不断熟悉，他先后喜欢上了很多职业，但其中令我印象最深的是"魔术师"，因为他的痴迷已经到了除了吃饭睡觉就是变魔术的程度。一开始他每周跑去跟城市里的魔术师老师学习，那段时间就是周末学，平时练，家里买了一堆道具，什么"报纸倒水水消失""心有灵犀的螺丝""隔空喝了你的牛奶"统统练得不能再熟了，真的能把人蒙在鼓里。他逮到一个人就要给人家变魔术，不管对方愿不愿意、有没有时间，他都沉浸在自己的表演里，享受着表演魔术的过程。而且他为了不耽误每天放学回家变魔术，哪怕字迹潦草也要赶在放学前把作业都写完。

他的魔术技艺迅速飙升，渐渐地，他发现用道具变魔术还是比较小儿科的，于是又增加了扑克的高级玩法。每天放学放下书包就立刻进入练习洗牌状态，噼里啪啦地像极了电视剧里的赌神出场，只可惜他的手太小，扑克经常稀里哗啦地撒一地。无奈之下，他开始探索适合他的魔术扑克之路，上网查国内外魔术教学视频是他每天的必修课，因为他发现城里的魔术师老师会的魔术已经没有他会的多了，只有靠自己才能走上辉煌的魔术师职业之路。

这大概就是爱上了一份工作吧！愿意倾注自己所有的时间和心血，其他任何事都为了这一个追求让路，永远不知道喊累，持续保持对工作的热情。人在成年之后可能很难再遇到这样一份工作，但其实工作的种类并没有什么变化，变化了的是人。当我们带着很多功利心去看待孩子所选择的职业时，我们很难投出赞成的一票，我们也很难控制自己不去游说孩子"你所爱的职业根本没有前途"。但实际工作上表现极为出色的人首先都是热爱自己的工作的。身为家长，我们不能因为自己丧失了"热爱工作"的能力，就去浇灭孩子们心中正在燃起的熊熊烈火，让孩子保持对某种职业的"爱"胜过你告诉他应该怎样去选择职业。

如果他发现所选的职业未来不能养活自己，他自然会想办法调整方向或者增加其他收入来源，家长真的不必过于担忧，孩子比你想象中聪明得多。比如，我的孩子就在痴迷于魔术两年之后意识到如果想成为一名顶尖的魔术师，让自己每天吃三文鱼而不心疼，那可能比考清华北大还要困难，所以后来他放在魔术上的时间逐渐减少，魔术变成了他学习之余的一项娱乐。

重复才是工作的常态

孩子曾经问我"为什么有的工作一开始觉得特别喜欢，做了一段时间就觉得没意思了呢"？我没有急着回答，而是请他具体说说有哪些工作让他产生了这个疑问。他说几乎所有的工作，从考古到司机无一例外。他重点举了寿司店的例子，因为他很喜欢日料，所以他选择了去寿司店打工，学习如何做寿司，他一直以为这是他梦寐以求的职业。但是后来当他"周复一周"地去"上班"，他慢慢发现相比起做寿司他更喜欢的是吃寿司，而"做"的这个过程除了让他流口水之外并没有想象中那么享受，到后来连口水也流不出来了，这让他很担心。如果做厨师久了就不再喜欢这些美食那岂不是亏大了？

虽然他的想法听起来有点儿稀奇古怪，但很像我们在职场中经常提到的"职业倦怠感"产生后的那些想法，于是我向他普及了这个新名词，告诉他重复性工作确实容易让人产生"没有意思"的感觉。而做寿司正是通过一次次重复的动作让自己的技艺得到提升，每一个匠人都是经过了千百次的锤炼，任何职业唯有经过重复性的苦修才有可能做得出色。日本寿司之神小野二郎用一生时间证明了一个职业之道：重复一件事情，使之更加精益求精，做到极致，便可获得成功。其实即便是像寿司师傅这种家长们比较排斥让孩子从事的职业也有很多大学问，学徒10年仅仅能算一个入门级选手，意志不顽强的人连门都没有入就已经放弃了，更谈不上能领悟制作寿司过程中的严谨、精准和诚意的精神。娴熟的手法背后是几十年如一日的基本功练习，穷尽一生磨炼一种技能，固执地坚持心中的标准直到老去，还有什么比这更能体现敬业的吗？

事实上，大部分工作都是"熟能生巧""久而生厌"的重复性工作，即便是最需要创造力的词曲作者或科研人员，也是每天重复着遣词造句或实验验证的工作。让孩子认识到"重复性是世界上大部分工作的主要特征"，对于他未来应对"职业倦怠感"可能会有帮助的，至少他不会一产生倦怠感就觉得"是不是要换一份工作就好了"，然后匆匆辞掉工作投入到下一家的怀抱。更重要的是对孩子未来择业能起到暗示作用：既然大部分工作都容易因为重复性过强而让人觉得腻，那么至少最开始一定要选一个自己极其喜欢的工作。另外，要正确认识"腻"和觉察"腻"，调整自己对于工作的态度和行为。

选自己所爱，爱自己所选

任何职业本没有高低贵贱之分，是人们主观地把职业分出了三六九等。家长如果能引导孩子平等地看待所有的职业类型，那么将来孩子会更有可能选择他喜欢的职业，而不会因为别人的反对或世俗的价值观放弃自己真正所爱。能够选择自己喜爱的职业本身就是一种幸福，而能够长期钟爱于自己所选择的职业则不是一件容易的事。

小野二郎虽然只是个厨师，但他却成为寿司界之神一样的存在，世界各地的明星大腕为能够吃到他亲手做的一顿寿司不远万里飞到日本。他说这一切都是因为他和自己的工作坠入了爱河，永无止境地试图攀登到技艺的顶峰。著名舞蹈家杨丽萍虽然开始只是个小小的舞蹈演员，但最终却能成为家喻户晓的"孔雀公主"，享受国务院政府特殊津贴，也是因为她对自己所从事的舞蹈行业倾注了毕生精力。他们之所以成功都有一个共同点值得所有家长关注，那就是他们对自己职业的热爱都达到了极端的程度。"孔雀公主"爱甲如命，除了跳舞时呈现给观众不会用指甲做任何事；"寿司之神"爱手如命，不工作时永远戴着手套，甚至睡觉也不愿摘下来，只为保护为客人做寿司时所用的一双手。

我们不必让孩子达到他们的程度，但至少可以引导孩子先去发现他一生所爱的职业，而不是纸上谈兵地给他们一些你认为他们应该听取的建议。不论时代如何改变，唯有热爱才能成为创造的开始。

为孩子创造真实体验机会

家长们不必纠结于你所在的城市是否有我提到的职业体验馆，因为你自己就可以为孩子创造很多真实的体验机会。比如，做小记者，让孩子亲自采访、亲自撰写稿件，投稿给报社或新媒体；做服务员，给客人点菜，学习餐巾叠法和待客礼仪等；如果孩子的计算机很厉害，还可以帮他找一份短期工，提前体会一下码农的工作。有些城市的消防队为孩子提供讲授灭火知识、如何使用灭火器自救，以及体验消防员日常训练的机会，家长都可以鼓励孩子积极参与。

真实的体验胜过网上查阅的所有资料、亲朋好友给的意见参考，对孩子未来报考大学专业有切实的指导作用。当你拿到报考大学专业的那本册子时，你和孩子将不会像其他人一样脑子里画满问号，因为里面有很多专业孩子已经尝试过了。

细数我的孩子在儿童城里体验过的职业多达30种，最后他的"银行存款"已经排进了城市前三名，这些城市币都是他用辛勤的工作换来的，他不仅明白了付出才有收获，还懂得了感恩。他用赚的钱在城市的商店里给我买了生日礼物，一枚会发光的钻石戒指，至今仍保存在珍藏品的小盒子中。相比问父母一方要钱然后给另一方买生日礼物，他的方式更让我感动。他告诉我，为了给我买礼物他在城里努力"工作"了两个周末，哪怕一些他不是很喜欢但赚钱多的工作他也去尝试做了，比如T台的模特，结果发现好像也没有之前那么排斥。渐渐长大以后，那座属于儿童的城市已经不再适合他，但一有机会他还是会继续尝试不同的职业，比如网络销售、魔方老师、滑雪教练他都真实地体验过，下一步我的计划是请他帮忙给我的心理学研究样本搭建一个数据库，目前他正在持续学习中。

孩子说职业体验对他来说最重要的影响不是令他找到了自己未来想要做的职业，而是让他意识到了这些都不是他未来想要做的职业。那个值得他付出一生时间而不觉劳累、不会后悔的职业正等待着他去发掘。正如排除法往往能令人更快找到正确答案一样，何不带你的孩子也体验一下多种多样的职业？如此便是把他向自己理想中的职业又推进了一步。

慢思考

从 3 岁到 13 岁，给孩子十年思考未来的时间

　　记得多年前施瓦辛格从影视圈进入政治圈，摇身一变成了加州州长，让很多人惊讶不已。但对于施瓦辛格本人来说，这不过是他把从小对自己的规划按部就班地实现了而已。十几岁的时候他就有了成为政治家的梦想，而他深知这个目标不是一下可以实现的，需要有知名度和大量财力、人脉支撑，于是他做了较为详尽的职业规划。如何打造知名度呢？进入好莱坞拍电影。如何拥有大量财力和人脉呢？与有财团背景的女士联姻。这两点他后来都做到了，甚至可以说是超额完成了自己的既定目标。他在十几岁时做出的终极职业规划，在 40 多年后才得以实现，可见只要给孩子深思熟虑的时间和机会，他们也可以对自己的未来负责到底。

　　可惜家长们通常不会有这个耐心等孩子自己思考，早早就把孩子的未来安排得妥妥当当，所以很多孩子也因此丧失了对未来的规划能力，因为没有思考何来规划呢？而这类家长通常也会把孩子的学习和生活方面安排得妥妥当当，所以孩子根本不需要思考任何事情，只需要服从安排就好。而思考力其实是一种通用能力，喜欢思考的孩子在任何方面都会积极动脑，而被家长剥夺了思考力的孩子

渐渐会在任何方面都表现出思维惰性，比如无法开动脑筋思考数学题的逻辑推理，不能表达自己内心的真实想法，对很多热点新闻没有自己的观点等，其实不是孩子不愿意开动脑筋或者不想表达，而是他们的"脑筋"已经被父母拿走了，真的没有自己的想法。

毋庸置疑，这是一个生活优渥却焦虑泛滥的时代。不论是关于同龄人还是下一代，家长耳边都充斥着"优胜劣汰"的故事：谁不到30岁就成了高管，谁家孩子刚两岁就会背几十首诗；谁不幸丢了工作，谁家孩子三岁还不会说话。但其实30岁成了高管不代表40岁时不被裁员，两岁时会背几十首古诗不代表孩子以后在学业上会有多出色的表现；而不幸丢了工作可能找到更好的工作，三岁还不会说话的孩子长大以后也可能成为演说家。每个人的成长发展曲线本就不同，不要因为孩子暂时领先于人就沾沾自喜，也不必因为孩子暂时落后于人而捶胸顿足。

孩子的未来应该交回他们自己的手中，而家长应该退回到引领者加辅助者的角色。引领不是让孩子追随你的想法，而是引领孩子建立起自己的想法，3岁到13岁这十年家长最应该做的就是这件事。辅助则是在孩子需要你或向你求助时才给予建议和帮助，而不是时刻围在孩子周围帮他安排好一切。没有自己想法的孩子就像没有灵魂一样，而没有灵魂就很难有创意，没有创意未来就只能追随别人设置好的模式去工作，而这种工作通常是最容易被替代的。如果你不想孩子中年失业，那么就不要在他小时候过多侵入他的思维，给孩子一些独立思考的空间和时间，让他学会建立自己的独立思维，并对自己的未来负责。

职业启蒙始于3~6岁

3岁开始家长就可以潜移默化地让孩子了解社会是由各种各样不同的职业构成的，每种职业都有自己特定的工作内容和作用，为人们提供便利的生活。我们在日常生活中所见到的所有有形的商品或无形的服务背后都凝结着某个人或某些人的辛勤劳动，当孩子知道了一样东西的来之不易，也会学着感恩和珍惜。我们大可不必在这个阶段就告诉孩子什么职业具体是做什么工作，只需要利用身边的环境让孩子用自己的眼睛去观察去体会就好。比如，带孩子逛超市，可以请他观察一个货架周围有几个理货员，超市还有哪些工作岗位，他们都在做什么，多久轮班一次等，这些小细节不仅可以让他们更深入地了解一种职业，还可以锻炼他们的算数能力和观察力，并提升对时间的感知能力。

"过家家"也是非常适合低龄小朋友体验和理解职业概念的游戏，父母可以在陪玩的过程中展现某种职业的工作内容，孩子就很容易理解。另外，父母还需要细心观察孩子更喜欢玩什么类型的"过家家"，在玩的过程中是否在某种职业上表现出了特殊的天赋。有些孩子小时候喜欢玩医生看病的"过家家"，并且在询问病人病情、安抚病人情绪等方面表现得非常专业，甚至可以根据自己的生活经验给病人"开药方"，那么家长就要考虑是否多给孩子讲一些跟医学相关的故事，或者让他了解一下世界前沿医疗技术了。很可能孩子小时候在心底里埋下的种子就会在你的精心培育下开出绚烂的花朵，长大后他也能成为中国千千万万白衣天使中的一员，甚至可能成为推动医学进步。例如获得诺贝尔奖的屠呦呦，抗击"非典""新冠"病毒屡立大功、万众敬仰的钟南山。所以，不要小看儿时的"寓教于乐"，充分利用好3~6岁每次陪伴孩子玩耍的时间，你可能会有很多惊喜地发现，而这些发现可能决定孩子一生的走向。

还有一点值得家长们注意，那就是不论你多么厌恶你的工作请不要在孩子面前表现出来。道理很简单，如果你经常抱怨工作时间长、加班累，同事关系复杂，那么孩子就会记住这些跟工作相关的"特点"，当他的脑海里形成的对工作的认知都是消极的一面时，他长大以后也会比其他人更容易排斥找工作，或者即便找了工作也会从心里抵触去上班，去上班也如你当年一样牢骚满腹。因为处于这个阶段的孩子其发展特点就是不论黑与白、对与错，他都全盘接纳，并融入自己的身体和记忆里，他们对事物的认知全都来自自己的所见所闻和亲身经历。

小学阶段的自我探索

6岁孩子进入小学之后，也就进入了接受系统教育，身心智全面发展的全新阶段。这个阶段的孩子会经历从具体形象思维到抽象逻辑思维的过渡，所以家长们对孩子的职业引导相对来说会越来越轻松。不必任何职业都让他们玩"过家家"去体验，而是可以通过视频、书籍等多种渠道分享给孩子，当然家长们也要注意观察孩子是否已经完成从具象思维到抽象思维的过渡，每个孩子的发展情况不尽相同，通常在四年级左右可以完成这种转化。比较直接的验证方法就是孩子是否能不画图、不借助道具理解并完成应用题，如果孩子像我一样到小学六年级还无法建立抽象逻辑思维，那么建议家长还是要多带孩子去做真实的职业体验，而非一味用语言去给孩子讲解。

小学阶段的孩子社会关系一下子变得复杂起来，各个学科的老师、远超幼儿园数量的同学、门岗的保安叔叔。丰富的校园生活需要他们去了解，不熟悉的人和规则不断出现，他们开始从别人的言语和行为反馈中认识自己，也开始意识到自己是一个怎样的人，比如有哪些优点和缺点，社会自我逐渐形成。而小学以前他们是不太能发现自己的缺点的，但职业规划的第一步正是认识自己。

能客观地评价自己才能将自己匹配到一个合适的工作岗位上，其实很多成年人的职业困扰也是来自无法做到客观，有些人则根本看不到自己身上的问题，永远把责任推给别人，导致人际关系不好而不自知；有些人则对自己评价过低，导致错过一些很好的职业机会，看着能力不如自己的人晋升得比自己快心里又很难平衡。这些自我认知问题的形成主要来自家庭，父母在我们小时候如何评价我们，是否客观，也决定了我们成年以后如何评价自己，以及能否客观地评价自己。

　　当我们没有一个精准的地图，我们就无法给自己一个准确的定位，所以一定要在小学阶段帮助孩子完成一个相对客观的初步的自我探索，而最好的帮助是等待，不是干涉。避免在家里把孩子捧上天，夸赞他的全部，而让他有一天倍感失落。因为进入了学校或社会环境以后，他终究会发现自己并不像你们形容的那么完美；也要避免对孩子一味地贬低，把他的优点看在眼里不说，只喜欢指出孩子的问题，以为他们改掉了毛病就什么都好了，结果却让孩子一辈子陷入自卑之中无法自拔。这些都是家长的干涉影响了孩子的自我探索，导致他们的自我认知逐渐脱离客观实际，出现了问题。自我认知与实际不一致，最终影响的不仅是孩子的择校、择业、未来还会影响他的择偶。

　　放下你对孩子的评价，而让孩子自己评价自己，或请他收集老师和同学对他的评价，可以帮助他更好地认识自己，免得因为你的不客观评价导致他成年之后还要找心理医生去做这些事。注意在引导孩子进行自我评价或请他人评价时一定不要从单一方面进行评价，尤其是只从学业方面评价，而要从我们之前提到的包括运动、音乐、语言、人际等七种天赋潜能类型方面进行综合评价。只有这样才是客观而全面的，也只有这样才能帮助孩子真正了解自己。即便自己在某些方面存在不足，但在另一些方面却相当出色。未来的职业选择孩子则会明白应该扬长避短，而不是以卵击石。

矛盾的青少年需要安静地思考

当孩子到了十一二岁就开始进入了让家长最难以捉摸的青春期，孩子的生理发展与心理发展的不平衡会引发诸多心理矛盾，而这些矛盾表现出来的行为却让家长们招架不住，他们可能封闭自己不愿意和家长说话，也可能对家长表现出前所未有的反抗。

由于这正是他们的职业规划逐渐成形的关键阶段，所以家长还是要有所作为，但是这个"有所作为"要建立在对他们理解的基础上，否则还不如"不为"。孩子一方面在身体上开始出现接近成人的变化，这会让他们在心理上产生成人感，同时渴望获得只有成年人才拥有的权利；另一方面在心理上还处于从幼稚向成熟的过渡阶段，社会经验也不像成年人那样丰富，导致他们很多期望像奢望一样无法实现，很容易让他们感觉自己渺小而无能，从而产生挫败感。

孩子的自我矛盾情绪让他就像一个定时炸弹一样不知道自己什么时候会爆炸，他自己也很恼火，而这时你在旁边多说一句话、多做一件事都可能成为点燃导线的那团火，孩子又怎么可能有心情听你的建议呢？对于青春期的孩子，你首先要学会察言观色，然后选择他比较放松的时候跟他交流，表达对他的理解。比如，当你说"我知道你已经长大了，很想摆脱家里对你的束缚，别着急，过不了几年你就可以离开爸爸妈妈，去任何你觉得自由的地方了，记得到时候照顾好自己"，孩子可能跟你吐露心声，说自己也没有那么想长大，也不知道自己能不能应对长大成人后的生活。这时，你就可以很自然引入到未来职业规划的话题上来了，问问他对未来有什么想法和打算，需要你怎么配合等，一句暖心的话胜过你给孩子讲一万个大道理。如果孩子默不作声也不必多虑，因为他的心里一定已经翻起了层层浪，他会在自己的世界里思考你说的话，思考他的未来。家长注意多用开放式提问去引发他的思考，因为青春期真的有太多值得思考的东西，不要让他们还没来得及想就长大了。

这个阶段可以在孩子需要的情况下寻求一些专业机构的帮助，做一些关于自我认知、职业兴趣方面的测评，帮助孩子更全面而科学地了解自己。另外，也可以请孩子做一个身边人的职业采访，设计一个表格，采访内容包括上下班时间、工作内容、工作满意度，如果想从事这个工作需要具备哪些技能等，最重要的一点是"是否建议我从事和你相同的职业"，与人交流的过程中不仅可以让孩子了解真实的社会，也可以了解一下成年人有多么"幼稚"。孩子的采访结果里一定会遇到几种很有意思的情况，有的人对自己的工作满意度极低，但是你问他"是否建议我从事和你相同的职业"，他会告诉你"来吧！其实相比其他职业我这个工作还是蛮不错的"，然后列举一堆优点给你。还有的人正相反，工作满意度很高但却不建议你未来从事和他相同的职业，然后开始跟你细数他这个工作有多辛苦有多烦。这个采访会让孩子们发现原来自相矛盾的不只是自己，成年人的世界也是如此，所以他们可能会因此减轻很多心理负担。当然，通过采访之后的总结，还能引发他们对自己未来的深入思考，而这种思考是有采访结果作为参照物的，不是凭空想象，所以会让他们奔逸的思维有的放矢，更加聚焦。说不定经过这次采访他就会向家人宣布他的重要决定，比如要考哪所学校，未来立志要从事什么职业，或者需要家长在现阶段给予哪些帮助等。孩子，也可以一夜长大。

十年，是给孩子成长的时间，不论是身体还是心理，他们都在从稚嫩的孩童成长为半熟的大人，如若你不确定怎么帮助他们成长，那么不如静静地做个旁观者。十年，也是给自己成长的时间，当你自己没有进步，你的言语和行为就会逐渐落后于时代，你在孩子面前也会失去表率作用，你的想法和建议自然很难得到下一代的认同。身为家长，最难做的是与时俱进，最容易做的是故步自封。如果你总是选择容易的去做，就不要总要求孩子选择难的去做。

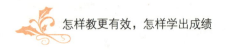

快调整

当孩子的目标由学术精英转为运动教练

每个家长可能都觉得自己有一个善变的孩子。小时候说哭就哭，不知道为什么又"阴转晴"了；大一点的时候今天想学下棋，明天想学游泳，后天又喜欢上乒乓球了；到了要决定命运的大考之前，突然告诉家里不想参加高考了，要走单招，或者不喜欢自己现在学的东西，要弃理从文。诸如此类的故事每天都在不同的家庭中上演，家长永远理解不了孩子的"那根筋"怎么总是搭错，很少有稳定的时候。

积极的"善变"

如果你曾经为孩子的"善变"而感到头疼，那么看完这一段你可能会觉得很欣慰。凡是能提出要改变某种生活或学习状态的孩子至少是有过思考的，也可以说是乐于思考的，而那些完全按照父母和老师的要求做事，从没想过改变，也不提出自己想法的孩子才比较令人担忧。

这是一个善变的时代，墨守成规的人越来越难找到自己的位置。不管你是有心还是无意，如果不幸把孩子培养成了这样的人，那真的该好好反思一下。因为如果孩子没有自己的思想，即便他升入了名牌大学，毕业季参加面试时也比其他人更容易被淘汰。父母哪怕只希望孩子将来能够找到一份自力更生的工作，也要从企业的用人原则中出发去培养孩子。

　　在专注于写作之前，我曾经从事人力资源工作，在世界五百强企业和创业型小微企业都有过做面试官的经历。世界五百强企业在校招时浏览每份简历的平均时间只有几秒钟，每天要看几百份简历，所以，在校经历和实习经历能否让面试官眼前一亮决定了这个候选人是否能进入到下一轮的面试。资深的人力资源师从简历里就能看出一个人的性格，甚至是未来的工作风格。墨守成规的孩子到了大学阶段通常是依然如故，简历上除了学校要求的必要活动或必考证书之外你找不到其他任何"多余"的信息，如果成绩平平没有得过奖学金那面试官就更难找到一个理由给孩子面试机会了。即便给了面试机会，在群体面试中孩子也很难提出自己的观点，一样难逃被淘汰的命运。

　　与世界五百强企业相比，创业型企业倒是在筛选简历上花费的时间比较长，孩子的简历可以得到逐句阅读的机会，但是这对于不"善变"的孩子来说也未必是件好事。因为对于小微企业来说人力是最大的成本，所以他们一定要力求每个人的价值最大化，那么在选拔人才的过程中则会更加谨慎。创业的核心在于"创新"，那么创新型人才对于创业型企业就成为必须。创新即是"求变"，而非"不变"，那些循规蹈矩的孩子一旦进入了快速增长的企业会非常不适应这种经常变化的节奏，不仅自身会觉得很痛苦，也不能给企业带来什么价值，所以自然不是企业需要的人才类型。

这些用人原则都很值得我们家长思考。如果只要求孩子听话，不允许也不接受孩子成长路上的各种变化，认为是孩子"无理取闹"或不按规矩办事，把他们的想法遏制在萌芽中，那么长此以往孩子就会失去"求变"的心态，变成一个循规蹈矩的人。家长应该学会的是如何拥抱孩子的变化，读懂他们才能给予他们更有力量的帮助和支持。

两次厌学、两次转折

很多熟悉我的家长只知道我的孩子有非常好的耐力，好像天生在什么事情上都能坚持到底，却不知道他其实和所有孩子一样，也有一根"善变的筋"，而且他的"善变"都是人生方向的大转折，我同样也经过了很多思想斗争、时间考验，并最终选择陪他一起改变。

孩子第一次厌学出现在小学四年级前后，说实话在此之前我从未想过他也会有厌学的一天。因为升入小学之后他一直都非常喜欢去学校，同学关系相处得也很融洽，家里更是从来不会给他关于学习方面的压力。我想不明白为什么他会突然间不喜欢去学校了，于是我请他给我讲讲究竟是什么原因。他倒是很坦率，说学校已经不像以前一样有意思了，体育课变成了自习课，不能在操场上疯跑；计算机课变成了数学课，老师讲已经讲过很多遍的习题。我很惊讶："难道就这么简单？"

"在学校大部分时间都在讲题做题，题还都差不多，让你听五六遍，你觉得有意思吗？"

　　"你本来喜欢的音乐课、美术课、计算机课经常被占用你还有什么心情？"

　　"好不容易放学了，留的作业是你在学校做过五六遍的题，你还想做吗？"

　　如果换作我，确实也会觉得没意思，没心情，不想做。

　　所以，我没有质问他"大家不都这样嘛，别人能受得了怎么就你受不了"，但我知道周围很多家长都是这么"教育"孩子的。事实上，如果不能第一时间接纳孩子的感受，很容易让他们觉得你根本理解不了他们的感受，随即对你关上心里的那扇门。而门一旦关上，他们可不会对你打开一扇窗。

　　孩子又跟我抱怨了一阵校园生活，当他确定自己的想法被理解之后，他就很乐意和我一起寻找解决办法。经过讨论，他选择做一次自我突破：自学跳级。于是我给他买了书和教材，并打听哪所学校可以接受跳级的学生，虽然很遗憾我们所在的城市没有学校愿意这样做，导致我们不得不最后选择国际学校，但孩子看到了我为帮助他实现他的想法所做的努力，所以他也一直非常努力，很快就学完了小学六年级的课程，我们也背起行囊进京赶考。

　　第二次厌学与第一次性质完全不同，他彻底迷失了，找不到学习的意义，脑子里充满了疑问。

"为什么要考剑桥？难道不是为了快乐的生活吗？我看没有学历的人生活得也挺好啊！"

"我以后当滑雪教练也能养活自己，学校学的这些知识有什么用？"

剑桥大学是他自己查阅了很多资料，并实地探校后最终所选，但到北京仅仅一年多的时间他就否定了自己深思熟虑后的决定，这也让我陷入了迷茫。我一时间找不到什么好的理由解释给他听，因为我知道这次一定是他一年多来所见所闻引起的思想变化，不是我一两句话就能扭转的。他需要的显然不是我的解释，而是希望我尊重他的决定。

我回想了一下自己十二三岁的时候，试图去理解他身上发生了什么，一下子就豁然开朗了。初一时我在全校最好的班级，结果班主任不幸得了癌症离开了我们，初二那一年我们从最好的班级转眼变成了问题最严重的班级。没有老师愿意来我们班教课，因为经常被学生欺负到哭，年少轻狂的我们以气走老师为乐。那个时候脑子里好像除了学业其他什么都有，觉得自己长大了，可以独当一面了，虽然等到自己真的长大了才发现能让我独当一面的还是知识。

我给孩子讲小时候的我，告诉他，他有的迷茫我也曾有过，我尊重他想要放弃学业的感受。同时，我也请他去做一个调研，他认识的人里面有几位是生活得很好，但是只读到初中毕业的，在中国门票最贵的雪场做滑雪教练的年收入是多少。后来他得知了真相：初中毕业真的很难找到一份满足他生活开销的工作，滑雪教练除了雪季有钱赚，大部分时间也要兼职做其他工作才能生存。

学习？没动力。不学习？没出路。何去何从让他又陷入了新一轮的迷茫。

这时我知道轮到我出场了。我提供了一些能够满足他生活开销的职业供他参考，并且查阅了很多跟滑雪教练相关的资料分享给他。经过了大半年推心置腹的交谈和等待，孩子终于有了新的目标：学业上争取考进英国G5大学，职业上争取能去法国当滑雪教练。因为经过他的调研，只有在法国当滑雪教练赚的薪水才能满足他经常吃三文鱼而不心疼的愿望。当然，他在调研中也发现一个外国人想在法国成为有执照的滑雪教练不亚于考上清华北大，中国的专业滑雪运动员都没能一次通过双板考试，更何况他这种业余选手。于是他开始加紧练习滑雪技巧，同时开始学习法语。孩子终于有了动力，知道了自己"为什么而学"，哪怕并不是我所期望的"为祖国的航空航天事业尽点绵薄之力"，但毕竟经过这次"巨变"让他找到了自己的奋斗目标。

鱼和熊掌可以兼得

孩子随着阅历的丰富，在职业选择中即便是设定了目标，也难免会发生改变，其实他们也在经历一个痛苦抉择的过程。他们可能表现出烦躁或不知所措，如果父母也和他们一样，对他们大吼或者质问他们到底想怎样，那么他们一方面觉得很无助，另一方面只能认为父母在面临人生重大选择的时候和自己一样是无能的，内心得不到支持和滋养。父母的角色如果可以像导师一样，平时不过度关注，但在孩子需要时能帮他们指引方向，或给出可行性建议，那么孩子将会非常安心，也更有冲劲去迎接未来的惊涛骇浪。

成年人关于职业发展方面最常说的一句话是"等我挣够了钱就不干了，去做我喜欢的事"，而这一代的孩子则希望可以直接做自己喜欢的事。人生短暂，哪有时间绕路而行？孩子未来要从事的职业可能还没有出现，也可能他们会为自己创造一个新职业，家长不妨静静地听一听他们的想法，说不定你也会受到启发，从中找到你可以共同参与的结合点。

有一位火遍国外视频网站的老木匠阿木爷爷，把中国传统的榫卯结构技艺做到了极致，圈粉100多万，甚至还有人为他的工作照画了很多水彩画。而这一切的起因，是他本来拍美食视频的儿子遇到了职业瓶颈，和父亲聊天，老木匠一直想把制作"鲁班凳"的手艺传下去，结果两人一拍即可，"阿木爷爷"这个人物形象就诞生了。身为父亲，他并没有让孩子转行去做其他工作，而是帮助孩子寻找与他的职业相关度高的"猛料"，最后把自己也贡献出来了。这是一个真正爱孩子、懂孩子的父亲，也是愿意接受新生事物的父亲，已经年过六旬的老人最终和孩子一起迎来了职业发展的巅峰。

回顾大部分家长给孩子的职业建议跟这位老木匠比起来是不是有点相形见绌了？孩子想要鱼和熊掌兼而有之，但家长却总认为二者只能取其一。因为他们这一代几乎都是这样过的，没有几个人在做自己喜欢的工作，大家都是为了生存，所以他们自然认为下一代也只能和他们一样。其实现在这一代孩子是在物质极大丰富的环境中成长起来的，他们很难感受到"生存"这两个字意味着什么。他们更多追求的是精神享受，所以家长如果再用自己那个年代的"陈词滥调"来教育孩子显然是无效的。

"好好学习，将来考个好大学，才能找个好工作"几乎成了所有家长的执念，但什么才是好工作家长真的知道吗？你觉得不起眼的快递小哥因为参加快递员业务大赛获得冠军，已经被评为高层次人才享受百万购房补贴了；你无论如何也没想过让孩子从事的"直播带货"也已经被国家人社部列为新增职业工种了。而一份《2018年外卖骑手生活报告》中提到7万硕士、21万本科生送起了外卖，更说明人们的择业观已经悄然发生了变化，越来越多的高学历人才进入服务行业也是社会发展的趋势之一。

当我们摒除世俗观念去审视一份工作的好与坏时，可能会发现工作本没有好与坏，只有"是否喜欢"和"能否胜任"。我们的孩子生在一个无比自由且信息开放的时代，他们早就知道做白领可能还没有送外卖的生活质量高，骑着自己心爱的摩托车，自由地穿梭在城市的大街小巷，不用绞尽脑汁去想办公室的大小事情，业余时间还可以自由支配，不会被老板烦，关键是工资可能比白领还多，如果孩子觉得这样符合他对生活的要求，何乐而不为呢？当然我不是让家长鼓励孩子完成九年义务教育之后都去送外卖或去做快递员，只是举一个例子让家长明白这一代孩子的价值观和择业观已经与我们完全不同，不能再将我们的意愿强加于孩子，而应该学会快速调整自己的观念，去适应这个新时代对人才的新定义和新要求，支持孩子走上"鱼和熊掌兼得"的职业之路。

"孩子求变，父母求稳"，这种矛盾从历史上就一直存在并延续至今，我们与其做无谓的抵抗，与孩子拼个你死我活，不如试试如何在矛盾中与孩子共赢。毕竟未来的职业之路还要靠他一个人走，鞋还是得让脚舒服，而不是让看着的人舒服。

Part 07 问题篇

三种心态叠加：
四大棘手问题迎刃而解

拖沓

用两个月的耐心换来孩子的时间管理能力

一位33岁的年轻妈妈，因为三年级的孩子写作业拖沓被气到脑梗住院，当段子变成现实，引发了朋友圈疯狂刷屏转发，铺天盖地的评论透露出亿万家长的感同身受和无可奈何。

"赶紧起来，再不起来上学又要迟到了！"

"快点吃！天天早上磨磨蹭蹭的，就没见过你有着急的时候！"

"你一会儿上厕所，一会儿玩手机的，你看这都几点了？我告诉你今天不写完作业不许睡觉！"

熟悉吗？每日花样咆哮大法你是不是早就练得炉火纯青了？的确，它们不曾出现在我们家。原因不是孩子不拖沓，他也是那种早上不爱起床、放学不爱写作业、吃饭像法国人一样的孩子，那如何让这些坏习惯不耽误孩子的成长呢？记住：一定不要想方设法让他们改掉拖沓的坏习惯！

"好习惯21天养成"的理论风靡了很久，很多家长也喜欢用这个方法去训练孩子。短期内可能有效果，但长期来看却不一定对孩子的成长有利，因为那不是靠孩子自己养成的习惯，而是靠家长的监督甚至是逼迫而养成的习惯，如果离开了家长可能立刻就被打回原形。而且科学研究已经证明，21天基本不太可能养成一个好习惯，除非是你本身就很热爱做的事情。一个众人皆知对身体好的习惯，如每天运动30分钟，如果你不喜欢，即便你勉强自己去坚持了21天甚至更久，你也会半途而废。比如，我曾经办过3次健身卡，最后分别以一个月，一周，三个月而结束，原因就是我喜静不喜动，即便我选择的是瑜伽这么安静的项目也没能燃起我对运动的热情。

我并不是个案，曾有一项研究让96名参与者每天重复一项与健康有关的活动，结果表明大部分人花了66天才养成了运动的习惯，而还有一部分人每天重复同一项运动直到84天也没有养成运动的好习惯，也就是整整重复了四个21天没有任何效果。研究还发现，人们在第254天才有可能达到对某一行为习惯的自动化，而且只是有可能。所以我们试图通过让孩子重复某个好习惯来改掉他的坏习惯从一开始基本就是徒劳。

探究拖沓心理的根源

那么我们是不是就什么都不做了呢？当然不是，要想解决孩子拖沓的问题，首先我们至少要知道孩子为什么拖沓。当我们真正用同理心去探寻拖沓的原因时，多少会对孩子的拖沓心理有一定了解，这样我们才能有的放矢地去帮助他们尽量克服拖沓，注意是帮助他们，而不是去命令他们。如果你是上班族，其实是做些类比就比较容易理解孩子了，只是你可能从来没有比较过。其实孩子早上不爱起床正如同你做梦都想睡到自然醒，孩子写作业时的磨蹭正如同你交报告时的拖延。你上班也难免有迟到，工作也难免有完不成的时候，为什么要求孩子做任何事都要雷厉风行呢？想想你为什么不愿意早起去工作，可能是因为你的工作千篇一律，令人乏味，也可能是因为你根本不知道为什么而工作，如果天上能掉钞票你绝对不会去工作。那么孩子不想起床去上学也是一样的道理，可能他在学校的学习毫无乐趣可言，也可能他根本不知道自己为什么要学习，所以，如果你能理解到孩子这么深层次的内心活动，你就能知道他最需要的不是你每天去督促他快点起床、赶紧写作业，而是你可以从源头上帮助他找到学习的乐趣和意义，从而让他们的学习生活不再那么痛苦。

这个世界上真的有人是喜欢工作而不会拖沓的，因为他们知道自己为什么而工作；同样，也真的有孩子是喜欢学习而不会拖沓的，因为他们知道自己为什么而学习。人们只会在他们抗拒的事情上变得拖沓，而会在自己钟爱的事情上冲在前面。如何把抗拒转变成钟爱才是解决拖沓问题的关键所在。

可能正是你才让孩子变得拖延

记得我儿子小学时我曾经请他同学的家长帮忙带过一个小时，等我办事回来，那位家长一脸惊讶中又带着些许刚刚平息的愤怒，对我抱怨说："我以为学霸都放学就写作业呢，真没想到你儿子竟然是这样的，我说了好多遍，先写完作业再玩，他就磨磨蹭蹭的不动弹，一会儿鼓捣这，一会儿鼓捣那，一个小时了刚把本拿出来，这要是我的孩子我早就批评他了！"从这位家长的话里不难看出我的孩子与其他孩子并没有什么不同，贪玩的天性一直都在，听话这个词更用不到他身上。可我看待这件事的态度却与大多数家长不同，所以我对于孩子的做法根本不会产生什么不良情绪。

为什么孩子放学了就一定要先写作业再玩呢？家长即便有工作没做完，也都是到家之后先刷刷朋友圈、吃吃水果、喝个酸奶、打个游戏之后才继续投入工作的吧？可是这个看似颠倒的顺序真的对你完成工作有那么大的影响吗？显然不是，而且好不容易结束了一天的工作回家之后，立刻做一些让自己放松的事反而会大大提高你工作时的效率。你一定有过这种体会，但是你却没有意识到孩子和你的处境完全相同。他也好不容易结束了一天学校的学习，回到家之后写作业之前最需要的也是放松，但你却剥夺了他要放松的权利，要求他到家先把作业写完再做其他事情。试问如果你是孩子，你会不会不带任何情绪的立刻去做作业？你做作业时会不会找各种机会出来喝杯水或者上厕所？所以，孩子的拖沓很可能是因为你破坏了他本来的节奏，令他的大脑出现了抗拒。

有时候，明明孩子刚要动笔开始写，家长推门而入问"作业写得怎么样了"，孩子可能会立刻放下笔，出现不满情绪。我的孩子就曾亲口质疑我："我明明已经要写数学作业了，你非来问我，你越问我越不想写，你知道吗？我生气了！"于是我意识到自己没有给他足够的信任，让他感受到了被怀疑，他对我有一点失望了，于是我乖乖地进行了长达一分钟的道歉，他才面露笑意，开心地去写作业了。因为他在自由平等的环境中长大，他有正确表达他情绪的能力，没有选择压抑自己，所以也不会用拖沓这一行为方式去表达自己的愤怒和抗议。但是我相信更多的孩子已经丧失了这种表达能力，因为家长通常是绝对强势的，那么自然而然孩子的愤怒情绪也会被压制下来，转化成用磨磨蹭蹭来抗议。所以，孩子的拖沓行为很有可能是你亲手造成的。

看到这你可能会无奈地说：好吧，我有一点理解孩子了，也知道我一直以来做的是有点不对，但是怎么改才能让孩子变得不拖拖拉拉呢？

让孩子为自己的拖沓负责是最行之有效的措施

有位朋友曾在我家寄宿过一段时间，她早上起来的时候发现孩子已经去上学了，就很惊讶地问我："为什么你们家早上这么安静？其他有孩子的家我也去过，早上几乎都是被吵醒的。"其实很简单，不管孩子多小，都要让他学会为自己的拖沓行为负责，我想这也是我的孩子从小就被培养起来的观念，也是唯一和其他孩子有那么一点不同的地方。

早上上学迟到，他需要面临被学校拒之门外，和门岗老师解释自己是谁，来自哪个班级，需要和老师解释为什么迟到，得到老师的谅解之后才能进入教室。这对于一个小学一年级的孩子来说，还是有些挑战的，毕竟比起解释那么多问题的麻烦，不如让自己早点起床、快点吃饭、按时出门来得轻松。所以他没花太久时间就把自己训练得到时间一定出门，哪怕吃不完早饭，哪怕还是比同学晚到校，但总算是不迟到了。

你的耐心很重要，如果是他的事，不管是起床、吃饭还是写作业，任何时候都不要表现得比他还着急，你甚至可以故意表现得比他还拖沓，比如假装起床晚了，没有按时给他做早饭，或者在他整理好一切想要出门时，你让他等你一下，然后冲进厕所不出来，他一定急得比你更像热锅上的蚂蚁，这时他也就能体会曾经的你每天吼他"快点"时的焦急心情了。当然你要把握好这个度，不要让孩子以为你不在乎他，而是要让他知道他已经是个大孩子了，需要为自己的行为负责，而不是依靠爸爸妈妈每天在耳边督促了。

你的耐心能等到拖沓带来的福利

你可能从没想过，你的耐心还会带来更意想不到的结果。因为拖沓及其产生的后果有助于培养孩子对时间概念的深刻理解，同时提高自控能力和时间管理能力，还可能提高某项生活技能，甚至学科学习能力。回想一下你是如何对工作做出合理安排的？是从工作第一天起就能把各项工作安排得井井有条吗？如果你是，那么你确实"有资格"对孩子发号施令，因为你太优秀了。可我相信大部分人不是一开始就懂得按照工作的优先级来排序，或者对每一项工作任务的完成思路都异常清晰的；相反，大家都是摸着石头过河，给自己尝试不同工作方法的时间，最后从中选择最优并最适合自己的方法。而在这个过程中，你逐渐从职场小白成为职场精英，时间安排越来越合理，工作表现越来越出色，各项能力得到全面提升。

面对孩子做作业时的拖沓，也是一样的道理，他们不可能一下就掌握做得快做得对的方法，尤其遇到不是一眼能看出答案的题，更会习惯性地选择逃避一会儿再回来面对。如果你能够给他们自我探索的时间，让他们通过一定量的时间去尝试如何能提高自己写作业的效率和准确率，或者给他们提供一些行之有效的方法，供他们进行验证，那么他们也可以像"职场小白到职场精英"一样发生质的变化，并且这种变化会变成一种学习能力伴随他们终身，他们可以在面对新的挑战时比其他人更容易快速找到解决问题的方法。

我的孩子就曾花两个月的时间去"钻研"如何才能在半夜11点之前写完作业，那时他刚上小学一年级。每天放学吃完饭之后没什么事情就是玩，我问他有作业吗，他会回答有，但总是迟迟不写，或者刚写了一会儿就又开始玩这玩那，那时家里很小，玩具到处都是，相当于满屋子都是诱惑。于是他几乎每天晚上都要到11点多才能写完作业，第二天困得起不来。但是我从没有催促过他，也没有批评过他，只让他自己体会写作业拖拖拉拉的这个过程。大概两个月之后，他对我说自己真的扛不住了，白天上课都要睡着了，要早点写完作业早点睡觉才行。渐渐地他发现了写作业更有效率的秘籍，他观察写作业快的同学很多时候是利用自习课时间来写的，这样可以在学校就完成一半的作业，回家就有更多的时间玩了。接着他又探索了语文、数学、英语等不同学科如何安排写作业的顺序能让自己更快完成，如何分配作业的难易程度等一系列技巧，所以他的家庭作业我从来没有操心过。当然，两个月每天晚上看一个可怜的小孩子熬夜写作业，经常困到头点到桌子上，作为家长却不给予任何帮助还是需要强大的定力的。当然对于大多数的家长来说，可能更需要控制的是自己的愤怒。

不论怎样，请记住：你如果不知道该怎么做的时候那么就什么都不要做，因为你越少打乱孩子的节奏，对孩子越有耐心，你的孩子就成长得越好。

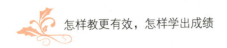

厌学

从厌学到跳级，我如何帮孩子成功翻盘

孩子不喜欢学习，缺乏学习动力是困扰家长的一大难题。家长们总是感叹现在给孩子提供了这么好的条件，为什么孩子就不好好学习呢？除了我们之前提到的辅导作业时总是吼孩子脑子不转，挫伤他的自尊，导致孩子对学习丧失信心，从而厌恶学习之外，还有其他原因吗？

有！而且非常重要，那就是过度的重复性学习。

同样的知识自己要预习一遍，学校老师讲一遍，作业做一遍，考试考无数遍，如果家长们给孩子报了辅导班，那么更不幸还要由辅导班的老师再讲一遍，作业做一遍，考试考一遍，如此一个循环下来，一个知识点连学习再练习至少要7遍以上。如果是你，你也难免会觉得烦吧？尤其是当你用心听老师讲一遍就已经完全理解了的时候，又让你做无数遍测试卷，还要每次乖乖坐在座位上听老师讲解，你还能保持强烈的好奇去倾听而不会觉得无聊吗？

我的孩子在小学四年级开始就遇到了同样的问题，他开始不那么愿意上学了，而在这之前他一直觉得上小学比上幼儿园好太多，因为课间的时候可以出去玩，可以自由安排自己的时间，作业也不算很多。但升入四年级之后，虽然知识也越来越难，但老师讲的次数也越来越多了，而且重复性非常强，完全就是我上面提到的模式，同样类型的题可能需要做N遍，而不会太在意你是否已经会了。因为老师照顾的是大多数学生，只要有一个孩子提出疑问，要求老师重新讲一遍，老师也只能照办，谁让他们是人类灵魂的工程师呢！有时候老师也很无奈，但是对于已经掌握了要点的孩子来说无疑是一个重大的打击。因为原本课堂是教授新知识的，他们满怀好奇地渴望聆听下一节新课的内容时，老师又重复了之前的知识，甚至有时还要取消体育课、美术课用于应对考试，以此来考查学生是否真正掌握了某些已经讲得揉碎到烂的知识。

　　于是，我的孩子开始变得上课时不再喜欢听课，写作业时不爱写作业，考试时也心不在焉，不再像以前一样经常能考100分了，而且他也并不在乎自己考了多少分，名列前茅好像也不会给他带来愉悦感了。再后来，他甚至说他不喜欢学校，也不想去上学了，不知道为什么要学习。那段时间，我们探讨了很多路径，如果实在不想上学是否可以先办休学，来个空档年，然后再决定是否继续读书；如果只完成九年义务教育做什么工作能养活自己，月薪大概多少；如果讨厌刷题，是否考虑转去国际学校等，后来我们真的去了国际学校才发现如果真想考入世界一流大学，刷题不仅必不可少，还要用英语刷，加之又要会活学活用。所以奉劝那些不想给孩子太大压力，以为国际学校学习很轻松的家长，千万要保持清醒的头脑，不要想当然。因为我的孩子在国际学校学习了一个月之后告诉我，他在公立学校一学期下来最多能写光两支笔，但在国际学校一个月就用了同样的量，可见书写量之大。

既然求学的路上没有捷径可走，那么我是如何帮孩子克服厌学情绪的呢？首先，一定还是给他充分的理解，并且站在他的角度为他想办法，正是因为我发自内心的理解才能想到上面提到的那么多"如果"的方案，并一条路一条路的和孩子一起分析利弊。我深知给孩子讲一堆大道理，讲读书多有用是最没用的，作为家长更不要跟孩子谈什么应该珍惜现在的学习机会，过去的中国很多人想学还没机会学之类的，因为时代已经不同了，大部分孩子无法真正理解学习改变命运，更难理解政治、理解战争如何剥夺了人们学习的权利，就算理解了他们也不再需要像过去的学生那样学习。他们这一代一出生物质就极大富足，不再需要为了温饱而学习，所以精神层面就出现了深度的思考：为什么而学？为什么要反复学习相同的知识？我的存在就是为了考出好成绩让父母骄傲吗？我的生活里除了学习不能有其他事吗？种种问题困扰着他们，但又得不到答案时，学习的动力自然就会慢慢丧失了。就像很多家境优渥的成年人之所以生活没有目标，甚至变得颓废厌世，正是因为他们不需要奋斗也能过上衣食无忧的日子，很难为自己做的事赋予意义。

所以当孩子开始厌学时，不要担心他从此成绩一落千丈，而是要换个积极的角度去看待这件事，因为这代表他自我意识的觉醒并且开始运用独立思考的能力了，这难道不是引导他并帮助他健康成长的好时机吗？比如，我的孩子因为他觉得重复性知识很烦，我就鼓励他既然都会了，那可以自己往后面学啊，既然你这么不喜欢学习，不如跳级快点把书都读完，然后去做自己想做的事。结果他非常震惊地问我，"还可以跳级？"我眼看他瞳孔变大，双眼开始放光，我顺势解释道，当然可以，有的孩子十五六岁就考上大学了。他看似认真地思考了一会儿，对我说"就先这么办吧！"我没有像他一样表现出兴奋，反而压低了语气告诉他，跳级是一条非常艰难的路，自己要付出很多努力，别人玩的时间你可能都在学习新知识。还在兴头上的他显然没有被我"善意"的提醒吓倒，"没事，如果反正都得完成九年义务教育，那不如早点学完呢！长痛不如短痛！"于是，我给他买了六年级的教材，他自学了全部课程，跳级考入了他心仪的国际学校。这是他人生的一个重要转折点，也给了他极大的自信心，不仅扭转了他厌学的情绪，后来有些国际课程明明很难，他都会拒绝补习，而选择完全凭借自己的能力去理解和消化，并且自学的思维模式也延展到了其他领域。遇到任何不懂的问题，他通常不会第一时间去问别人，哪怕他明知道那个人一秒钟就能告诉他答案，他还是会选择自己去查阅资料，学习如何解决，并且亲身实践一次。

所以厌学并不可怕，可怕的是家长没能发现孩子厌学的真正原因，并及时进行引导，或是不愿意接受孩子厌学其实是来自于自己的教育方法不当，而把原因都归结于孩子自身。很多家长更是喜欢用所谓的通用逻辑来质疑孩子，"大家都一样坐在教室里学，为什么别人没事，就你厌学了呢？还是你自己的问题！"这里面原因有很多，积极的原因是你的孩子比别的孩子更具有思辨能力和反抗精神；消极的原因是他有一位像你这样总是喜欢质疑他、呵斥他的父亲或母亲。这样，他的不良情绪包括委屈、愤怒等，都会投射到学习这件事上，所以自然会更讨厌学习，因为是学习害得他被父母训斥得体无完肤。

学习如果会说话，一定会为自己喊冤！自己明明是来帮助人们成长，让大家增长智慧的，结果却沦落到被这么多学生讨厌，甚至想抛弃自己。我们到底应该怎样看待学习，又怎样与学习融洽相处呢？准确地说学习确实是一件"痛并快乐着"的事，痛是因为若要学有长进，必然要勤学苦练，但若能"学有所成""学以致用"，那么学习就能成就一生的快乐。家长或者老师，甚至是同学，如果能在孩子厌学、失去目标时用心去启发，说不定他们就能找到学习的乐趣所在。

我的孩子曾对我说"全家只有你爱学习"，是的，现在的我确实对学习如饥似渴，那是因为曾经的我对于学习连厌恶都谈不上，而是轻视，甚至可以说是无视。高考第一科我就迟到了，看门老师不让进，我真想转头就走，但是周围好多陌生家长替我求情，那位老师顶不住压力才放我进去。我还记得有个家长说"这孩子要是今天没让她进去考试，12年书不是白念了"，而当时的我真的觉得给不给我考试的机会都无所谓，因为我也没有为高考付出过什么努力。那时候觉得自己大摇大摆走进已经坐得整整齐齐的考场很酷，甚至有点藐视其他考生的心理，你们来这么早是有多看重高考吗？看我多洒脱！后来才知道只有自己是智力障碍者，没有在该学习的年纪好好学习，是要用整个前半生去弥补的，否则整个后半生都不能安生。当然我不是想让家长们去给孩子讲"少壮不努力，老大徒伤悲"的故事，而是想告诉你们，正是因为我在学生时代对学习也提不起任何兴趣，所以我才更能理解现在的孩子们到底为什么会讨厌学习，并懂得如何启发他们去思考学习的意义。

举个我受到触动的例子，小学五年级起我的心思就没有放在学习上了，总是找机会不上学，成绩更是一落千丈，学习对于我没有任何意义。在那个古惑仔文化盛行的年代，我甚至立志长大之后要当大姐大。后来有一天舅舅来我家做客，吃过饭后忘记什么原因我们一起看起了世界地图，大洲大洋、比例尺等，他忽然说"你看世界这么大，你要不干出点名堂都没人知道你来过，白活一回"。就这一句话好似当头一棒，重重地把我打倒在地，也正是因为这一句话，我迷途知返，没有走上犯罪道路。但并不是每个孩子都那么幸运，在人生的关键点都能碰到这种直击灵魂的提醒，对我而言也是一样的，幸运只有一次。考入了重点高中之后，我的学习动力又消失了，再次变得迷茫，而这一次也没能再遇到那久违的当头一棒，所以高

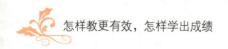

考虽然超常发挥但仍然考得很糟糕。但这就是人生，我们不能期望困难时总有人跳出来拉自己一把。

作为家长我们可以多留心孩子对于学习的态度是否在发生微妙的变化，在适当的时候用适当的方式，哪怕只是一句简单的话，一个肯定的眼神，甚至是你设计好的一个场景，都可能以你不知道的方式触动着他还不够成熟的心灵，而这一次心灵的触动很有可能就成为他人生的转机。

逃课

只因我的表扬，回归课堂的他拿了第一名

为了360度无死角地反映一个学霸成长过程中也难免有"斑斑劣迹"，使更多家长可以防患于未然，并能在理解孩子心理的基础上引导他们重回课堂，在征得儿子的同意后，我决定把他为什么逃课，又如何"改邪归正"的心路历程公之于众。

逃课也需要"智慧"

当我还沉浸在国庆70周年的欢声笑语中，班主任老师发来了一条劲爆的消息。大意是开学之后我儿子只去上过一次语文课就不见了踪影，由于是走班制教学，一个多月才被班主任老师发现，上语文课的时候他没进教室而是一个人去了图书馆。我这才意识到他每个周末回来给我讲的《华为工作法》原来都是逃了语文课去看的。按道理说，这个事情已经非常严重，在一般的家庭孩子应该是足以得到家长劈头盖脸的痛斥，甚至一顿暴揍了，12岁就开始逃课，以后可怎么得了？但好在他有一个也从12岁就开始逃课的妈妈，而且我当年不止自己逃课，还带着全班同学一起逃课，可谓在学校的历史上开创了班干部带头逃课的先河。但也是从那时开始，我才意识

到自己可能是有领导力的。所以我非常理解逃课这个行为本身是他自我意识逐渐形成的开始，如果被我扼杀在摇篮里，下次孩子就不敢再有自己的想法了，这远比没有掌握知识更可怕。

所以我没忍住心中的窃喜，给老师回复了"哈哈，如果不上课他就会考试内容的话我个人觉得也可以随他去吧"，然而我明显感觉到屏幕那端老师因为我的回复瞠目结舌，"这个……这个不好笑，文言文一些基本的东西他都不会，不听课不学怎么能会？请您周末跟孩子沟通一下！"班主任老师又跟我详细解释了一下逃课事件的起因经过结果，开学他们有各学科分级别课程，孩子就去探了底，发现语文课很无趣，于是就自己把这节课安排成图书馆的阅读课了，并且成功躲避老师和校长的监督长达一个月之久。要知道学校的管理相当严格，如果不运用一定的"智慧"是很难逃脱老师们的法眼的，这个"智慧"也包括任何家长都无法容忍的说谎。

在暴跳如雷和冷静克制之间，我选择了后者。因为按照儿童心理发展的客观规律，两岁的孩子就已经开始撒谎了，更何况他已经12岁了，如果再不会编一个谎言那才是该令人担忧的。只有大脑调控、逻辑推理、语言、记忆等一系列能力天衣无缝地结合在一起，才有可能缔造出一个滴水不漏的谎言。所以，客观地说，一个会说谎的孩子他的这几项能力一定不会差，甚至是超过同龄人的。当然，我不是让家长鼓励孩子说谎，只是单纯地阐述说谎背后的心理学研究结果，让家长们能够从正向思维的角度去理解孩子的这一行为，而不是立刻就给孩子贴上"道德败坏"的标签。

诚然，我不可能鼓励他继续逃课，但我也没有按照老师的要求立刻和他谈，我深知如果直接问他，不管我用什么样的语气，都会难以控制地流露出责备之意，毕竟他的确做错了，受到责罚也理所应当。但是如果这样做我就失去了一次了解他内心真实想法的机会，拉开了和他之间的距离，当我不能真正理解孩子的思想到底发生了怎样的变化时，我是不可能站在他的角度提出任何让他悦纳的建议的，所有的建议都只能被认为是命令。家长都以为青春期的孩子是一夜之间就变得叛逆的，突然就不愿意跟自己交流了，其实不然。他们是在一次次小事中得不到你的理解，也没有话语权，到最后不再奢望你的理解，精神上选择疏远你的时候，才会一到家就喜欢把自己关在自己房间里的。只有通过空间上的隔离才能实现他们心理上渴望的独立。

创造孩子向你坦白的契机

我选择了先假装全然不知，等待老师和他沟通之后的效果。又过了一周，他还没有跟我坦白自己的逃课壮举，于是我心生一计，让他跟我分享开学一个月都读了什么书，他给我写下了《沟通心理学》《黑羊效应》《微表情心理学》《性格心理学》等6本书的书名，还骄傲地告诉我他上周终于把《华为工作法》看完了，那是一本厚得不行的书，和字典差不多，现在已经开始看第7本了。我就故意好奇地问："才一个月，你怎么能看那么多本书啊？而且听说《华为工作法》有30万字呢！"孩子也很自然地回答："如果我上语文课的话那肯定是看不完的，所以从第7本书开始就要慢了，因为我答应老师要回去上语文课，其他时间才能看书了。"这时，我也故意露出遗憾的表情，对他的遭遇表示同情。他觉得自己得到了理解，反过来安慰起我来："没关系，我先上语文课试试，就算是看书慢一点也没关系，总能挤出时间的！"于是开始滔滔不绝地和我分享起《华为工作法》里让他大开眼界的内容。

"一个员工给任正非写了一篇万字建议书，讲华为战略和未来发展，妈妈你说这在一般公司老板会怎么做？"

"一定会觉得这是个很有想法的员工，可能会重点考虑提拔吧？"

"对！但是你知道任正非怎么做的吗？"

我一脸茫然，他接着说："如果有病，建议送医院；如果没病，建议辞退。故事还没完，后来有另外一个员工也写了一封万字建议书，但是却被任正非直接提拔了，你猜为什么？"

我更茫然了，因为这确实出乎我的意料，他看出了我的无知，于是认真地解释道，"因为华为更在意的是关注细节，提出可行性建议的人，而不是讲空话大话，宏观战略的人！"

我的下巴快要掉下来了，感觉自己并不是在跟自己的孩子说话，而是在听一个企业家的讲座。这不是一个12岁的少年该关注的内容，能说出的话，但显然他是因为感兴趣才能读完如此厚重的一本书，他已经在用自己的方式去思考如何运营一个企业，如何选拔人才。而这一切的发生应该感谢他的"逃课"，他拒绝浪费时间在"无意义"的事情上，他有意识地把自己交给了书籍，并且从书籍中汲取了远超课堂的知识和养分，我怎能不为他的成长而感到欣喜若狂？我又怎能不分青红皂白地去责备他打击他探索知识的好奇心呢？

在之后的两个周末里我们又一起探讨了如何在无聊的课上同时做该科目的练习册而不被老师发现，如何在听懂的前提下向后预习新书的内容以提高学习效率等一系列解决方案，他看到我如此卖力的帮他想办法，经过分析又都行不通，最后自己总结道：天网恢恢疏而不漏，无论哪种方式都难以逃过老师的法眼，干脆我调整自己的心态吧，老师让画什么重点就画上，让写什么作业就写，毕竟公立学校就是这样过来的，而且最近也发现一节课下来书画得满满的也不会觉得特别无聊了。

问题解决的作用机制——理解

就这样我们花了一个月的时间解决了叛逆少年的逃课问题，这个问题不是我一个人解决的，而是我们共同解决的，但我的态度决定了事态的发展方向。好言相劝和棍棒相加都不是有效的解决方式，而真正起了作用的是让孩子感受到你对他的理解。当一个人的行为得到了理解，他的思想才有可能转化，青春期的孩子更是如此。如果当年我没有逃过课，现在年近四十的我可能根本回忆不起青春的模样，也根本无法理解孩子为什么会如此叛逆，这么难忘的经历我想我的孩子值得拥有，不逃课，怎么对得起曾经的年少轻狂？如果等他到了不惑之年，发现自己的青春全都规规矩矩地献给了课本，只留下一点乏善可陈的经历那估计才会悔不当初。

回想我们自己上学时，也没有谁是喜欢所有的科目、上课时倾注所有的热情吧？只是出于种种原因不是所有的学生都敢逃离课堂，但有些人坐在教室里，心却不一定飘到哪里去了。相信不管是学渣还是学霸，每个人或多或少都会有这样的经历，可为什么到了孩子身上，我们就会要求他们对所有的科目都要全神贯注、一视同仁，不允许他们加入自己的评判和情绪呢？

我的孩子从小学五年级开始就一直对"语文课为什么要老师讲学生听"这个规则感到迷茫。到了初中，他又开始进一步纠结于"学习语文到底有什么用""现在说话写字都不用文言文，为什么还要学文言文"等一系列问题。三年的时间，我们有过讨论，也有过很多争论，我们都认为对方的观点有一定道理，但仍然坚持自己的观点。直到现在他仍然认为"语文课应该改为阅读课""阅读比课堂学习对自己的未来更有用"，即便我试图告诉他我写这本书之前并不是一位作家，但因为我语文学得还不错，所以我才有了成为作家的可能，他也只是微笑着回我一句"我长大以后并不想成为一名作家"。我尊重了这些意见的分歧，而没有跟他较劲，非要让他接受我的观点，于是很有意思的结果出现了，他回到了语文课堂，开始完成老师留的作业，考试之前复习了文言文，语文成绩得了全班第一名。

早恋

善用三种心态，让来如疾风骤雨的恋情去
如风卷残云

　　如果你正因为孩子小小年纪就开始恋爱而感到头疼的话，那么可以先问自己三个问题：

　　1.你最早意识到自己喜欢一个人时是几岁？

　　2.你是否和你中学时代的恋爱对象结婚了？

　　3.你是否因为没有向你学生时代的暗恋对象表白而感到后悔？

　　第一个问题，会帮助你回忆小时候懵懂的情窦初开，可能是七八岁，也可能是更早或更晚，但无论如何上初中之前你一定已经有过一位比较倾慕的同学了，想想那时的你有助于理解你现在的孩子。从进化的角度讲，确实一代更比一代思维敏捷，所以他们只能比你情窦初开的时间早，所以一般他们第一次有喜欢的人可能是在5岁左右，或者是小学阶段，这是比较普遍的规律，其实和我们这一代相差不是很大。

　　第二个问题，可以缓解你的焦虑，因为从你的亲身经历不难得出一个结论，就算是中学时代彼此爱慕的两个人也只有近乎为零的概率能够最终走在一起。所以即便你什么都不干预，他们多半也走

不长久，青春期的暴脾气可能一次吵架就分手，也可能转念就喜欢上另一个人了。当然你需要对孩子做好足够的性教育，并且不能纵容孩子们一同外出住在一起。作为家长，这点责任还是要担起来的，但大可不必因为孩子有了恋爱对象就惶惶不可终日，生怕耽误学习，误了前途，学习爱也是一种学习。恋爱不是学习路上的绊脚石，处理不当的恋爱关系才是。而且如果没有学过"爱"这一课，你很可能会被以后更为复杂的亲密关系绊得一辈子爬不起来。

　　第三个问题，如果你在学生时代有过暗恋对象，但是因为种种原因，你没有表白，多年以后你发现她最后嫁的人或者他娶的人却不如你，你会是一种什么心情？是否会后悔当年没有多说一句话？哪怕也是一样没有结果，至少自己尝试过。而现在的孩子比我们要勇敢得多，直接得多，他们很少让自己留下什么遗憾，更多的是关注自己当下的感受。比如，我喜欢一个人，那我一定要让这个人知道，如果碰巧那个人也喜欢我，那就开心地在一起玩耍，如果不喜欢我，那也无所谓，因为我已经表达了我该表达的东西，这就足够了。所以不要因为看到他们写给谁的情书就大惊小怪，更不要因为他们看起来为了某个同学魂不守舍你就坐立不安，觉得孩子这辈子都要毁了。能够不在乎结果地说出自己想说的是需要勇气的，如果你自己没有这样的勇气，你应该庆幸你的孩子有，这样他在以后的人生路上才不会像你一般总是充满后悔和遗憾。

成年人对早恋的误解

大人们常常有一个误区，认为小孩子根本不懂什么是爱。其实很多孩子成年以后仍然会按照小时候喜欢的类型来找另一半，他们不仅懂得爱，有些甚至刻骨铭心。电影《小曼哈顿》或许是家有青春期孩子的家长们最应该看的一部影片，因为它有助于我们去理解孩子对爱的探索和觉知。它讲述了一个10岁男孩的初恋故事，大段篇幅都描述了小曼哈顿的内心独白，他经历过对11岁女神一见倾心的怦然心动，经历过打翻醋坛后对小女友的抱怨和伤害，更经历过勇敢地道歉，并最终无奈与小女友分手后的失落和坚强。他曾经见到女孩就紧张得心扑通直跳、语无伦次，晚上脑海里都是女孩的画面，后来他意识到他喜欢上了这个女孩。很多次小曼哈顿在她家附近的大树后等待，看到女孩出来就假装路过，只为与她"邂逅"。后来他们有了第一次约会、第一次牵手，当然也有了第一次误会。命运总爱捉弄人，女孩假期要去参加夏令营，之后就要转入私立学校，那是一所男孩家庭负担不起的贵族学校，他们最后一次相拥跳舞，男孩知道这次分别可能就是永远，即便他以后还会与其他女孩坠入爱河，但他的第一次怦然心动却只属于这个11岁的女孩。

同样是早早恋爱，同样是分手结局，却让人感到温暖而充满力量。不得不说，男孩的父亲起了至关重要的作用，并帮助他树立了正确的爱情观。当小曼哈顿问爸爸是否可以和他聊聊关于女生的一些事时，他的爸爸并没有愤怒，也没有批评他"年纪还小想这些没用的事干吗"，而是如实地告诉他问错了人，如果自己知道如何与女生相处就不会和妈妈走到快要离婚的地步了，相信就包容和坦诚这两点已经足够值得家长们学习了。他的爸爸虽然没有成功经验，但却和小曼哈顿分享了导致婚姻失败的原因。那就是一开始出现矛盾时，双方都没有说出来，结果一件件小事积少成多就到了无法挽回的地步，所以不管怎样要说出来，要彼此沟通。这是一堂生动的课，也让小曼哈顿决定为自己出于嫉妒而与女孩大吵一架的行为向女孩道歉。虽然最后得到的回复是"我才11岁，还不知道什么是爱，但是你能来我很高兴"，但小曼哈顿心中已经完成了一次关于爱和表达的内化，同时也学会了如何洒脱地处理分离。这段仅有两周半的情感不仅没有耽误他的学习，反而让他变得勇敢，成熟，也从一个羞怯的男孩逐渐成长为一个乐于表达沟通的少年。

家长无时无刻不在行使自己的"误导权"

反观一下中国家庭的父母们，有几个能和孩子平等地交流自己的爱情观呢？更有甚者，还会误导孩子，扭曲他们的爱情观。尤其是家长们无意中的行为，更容易让孩子产生困扰。如当着孩子的面数落自己的另一半，孩子会学习到如果和一个人在一起，表达爱意的方式是指责对方；如果你习惯性地跟孩子诉苦"早知道结婚是这样还不如一个人生活""都是自己当初瞎了眼"，那孩子也能领会到

...

结婚是愚蠢的，爱情是虚无的，不如选择孤独终老，或者游戏人生。

还有一个非常有趣的现象，几乎百分之百的中国家长都要求孩子在上大学之前专心学习，坚决不准谈恋爱，但大学毕业之后就开始催婚，孩子们长大成人以后都在网上吐槽"我妈让我把高中时被她拆散的男同学找回来""我妈说只要是女的就行"，大家不禁感叹真是"同一个世界，同一个妈！"殊不知，学生时代没有经历过恋爱，被父母教导得哪怕连单相思都不敢有的孩子，怎么能一下就找到相爱的人并知道如何与爱人相处呢？不管他们彼时是30岁或是40岁，都还是要像小曼哈顿一样，从头开始完成一个完整的爱的自我体验过程，才有可能搞清楚什么是爱的感觉，喜欢一个人时为什么会产生嫉妒和愤怒的情绪，出言不逊是多么害人害己，为什么要注重彼此沟通交流等。这些都是需要学习和感悟的，但课本上不会教给孩子，如果家长也忽视孩子的这些感受，那么孩子必将经历爱的悲剧。他们很可能长大之后无法按照自己的价值观去寻找自己的终身伴侣，也很难建立起良好的亲密关系。

早恋是孩子自我意识的觉醒

对身边的同学产生好感，并幻想未来在一起的场景是青春期少男少女最正常的表现，如果家长发现自己的孩子一心扑在学习上，完全没有提过班上任何一位同学的优点，也没有异性同学玩伴，对谁都没有好感，那么家长反倒该思考一下自己的孩子是不是有问题了。

孩子进入青春期后，有了强烈的自我意识，这种意识体现在生活的方方面面。如凡事希望可以自己做主，不再愿意和父母一起玩，喜欢和同龄人在一起。早恋也是自我意识其中一个表现形式，它宣布了自己终于长大了，可以像成年人有一份专属于自己的独特情感，并且试图经营好它。当父母觉得孩子正在失控、试图压制孩子的这种意识时，往往会引起更强烈的反抗。"哪里有压迫，哪里就有反抗"，这对理解孩子的行为也完全适用。

　　孩子能最终成为一个有独立人格的人，不是一蹴而就，而是循序渐进。如果刚刚觉醒的自我意识一抬头就被父母打趴下了，那么可想而知这个孩子要付出多大的勇气才敢第二次抬头。所以当你发现你的孩子喜欢上别人，或者被别人喜欢时，家长不应该焦虑和担忧，而应该为孩子的成长感到由衷的高兴。另外不得不告诉广大家长，有研究表明，如果孩子在学生时代从未收到过情书或被表白，即便他们的成绩再优秀，得到老师和家长再多肯定，也会引起自卑情绪，并且这种自卑可能与他们终身相伴。

如何引导孩子正确对待早恋？

　　家长要先理解并看到早恋对孩子有利的一面。没有这一前提，正确的引导根本无从谈起，孩子反驳两句，你的心态立刻就崩了。很多听过如何解决孩子早恋问题讲座的家长，可能会跟孩子谈让他们把对对方的情感升华，用在努力学习上，考上大学之后再看看有没有可能在一起。但是同样的话不同的家长说出来效果却可能完全相反，问题就在于你是否真正理解了孩子的感受，看到了早恋积极的一面，如果你没有，那么你说出的话自然让孩子听起来觉得很假，能够欣然接受并完成感情的升华才怪。

家长们不能生搬硬套讲师们的话，就用一句"把你们的感情升华"就妄想孩子发生天翻地覆的变化。你要在理解的基础上用孩子能够听懂的方式去启发他们，和他们探讨，引导他们进行独立而深入的思考。比如，什么是真正的感情呢？如果你喜欢上了一个比你优秀的人，你也要让自己变得更好，跟得上他的步伐；如果你喜欢上了一个没有你优秀的人，你要帮助他变得像你一样优秀。因为不管哪一种情况，如果想长久地拥有一份感情，道理都是一样的，只有旗鼓相当才能齐头并进。

如果你可以借着早恋的契机认真地为孩子做一次性教育，解读性生活的正确打开方式那你无疑就是孩子心中最棒的家长了。关于这一点我确实和孩子确认过，学校的生理卫生课主要讲男生、女生的身体结构差异，以及到了青春期之后会出现的不同变化，开放一点的学校会给孩子们点到为止地普及一下什么是性侵，如何预防。中国孩子在性生活方面的安全指导几乎没有来自父母的，而是大多来自网络，甚至是不健康的影片，这一点非常可悲，也非常可怕。记住！羞于启齿不仅对孩子毫无帮助，很可能还会在关键时刻害了孩子。

爱是成长的礼物

学习爱是成长的重要组成部分，一个完整的人应该有爱的能力，并学会诚实地面对自己的内心、坦然地面对自己的失恋，自己为自己的行为和选择负责。我们不该剥夺孩子成长的权利，爱，教不会，爱，只能去亲身体会。与其疯狂地干预和制止孩子的早恋行为，不如先管好自己一地鸡毛的生活，给孩子树立一个积极正面的榜样，让孩子能在潜移默化中感受你如何成功地经营了爱，让一个家充满爱。只有这时你说的话才对他有说服力。

当然，如果你已经结束了你的婚姻也不要捶胸顿足，你仍然可以跟孩子分享你的经验教训，这对孩子们未来如何选择伴侣，经营亲密关系甚至更有借鉴意义。毕竟当你没见过雷长什么样时，你可能根本不会避开；但当你已经知道雷的威力并感觉到它可能存在时，你就会小心排雷了。想想你跟孩子分享的每一个排雷技巧都可能帮助他向通往幸福的路更近一步，是一件多么美好的事！当你学会为自己的选择负起责任，并把自己的生活经营得多姿多彩时，你与他分享的爱情观同样可以有掷地有声的力量。